天下文化

BELIEVE IN READING

資深名師的48堂親子課
從生活到學習，爸媽教素養的第一本書

家庭裡的素養課

顏安秀——著

感謝母親與王美霞老師
教會我以閱讀體驗世界
也感謝兩個女兒雙果姊妹
讓我以閱讀傳承世代的愛

CONTENTS

第二章

素養，互動時塑造——家人相愛與互動素養

第三章

素養，學習中實踐——知能成長與學習素養

第四章 素養，閱讀裡浸淫——認知深化與閱讀素養

推薦序

家庭是最佳的教室、父母是最好的導師

林玫伶　清華大學客座助理教授、前臺北市國語實小校長

拜讀了安秀的新作，第一個心得是：「哇，這位媽咪好用心！」在家要教養兩名學齡孩子，本身還是學校老師、準校長，雙生涯婦女的忙碌可想而知。但作者對教育工作的投入與浸潤，成功把教育理念落實在家庭，於公、於私都游刃而從容。

教養書籍非常多，但從素養教育的角度切入者，卻不多見。什麼是素養教育？這得從新課綱說起。

新課綱勾勒的教育願景為「成就每一個孩子：適性揚才、終身學習」，並以「自發」、「互動」及「共好」為理念，提出三面九項的「核心素養」。新課綱對「核心素養」的定義是「一個人為適應現在生活及面對未來挑戰，所應具備的知識、能力與態度」，強調「學習不宜以學科知識及技能為限，而應關注學習與生活的結合，透過實踐力行而彰顯學習者

的全人發展。」

這些本來應該是學校老師要著墨的，但本書作者告訴你，父母也可以助素養教育一臂之力，素養可以在家生成、在家培養，此見解充分反映了「家庭是最佳的教室、父母是最好的導師」之觀點。

然而，許多家長不了解「素養是什麼」，認為上述願景、理念不過是飄在雲端的華麗口號，更多家長關心的是：「素養怎麼考？」

這本書把大家陌生的素養教育詮釋得具體可行又不抄捷徑，一個個活生生的例子不但超接地氣，更鼓舞家長「只要用心按圖索驥，都能成為孩子最佳的支持者、陪伴者，及引導者」，至於怎麼「考出」素養成績，則是培養孩子的過程中，自然會獲得的額外紅利。

本書開宗明義從大環境的變化趨勢談起，包括數位時代來臨及疫情帶來的衝擊，都讓我們重新思索：要培養怎樣的新一代？

思索這個問題顯然十分重要，有如為教養擺正方向盤，包括我在內的許多家長，面對子女問題時，常常是處理眼下之急，但本書明確清楚的要我們把眼光放遠一點、抓穩方向盤，這樣才有辦法教孩子自主、負責、管理、思考、判斷……

有些家長可能覺得這樣陳義過高，然而我們試想一下，如果孩子現在十歲、小學四年級，十年後的二〇三二年，他們滿二十歲，或許已經步入社會，那個時代會發展成什麼樣子呢？難以想像吧！

早有趨勢專家指出許多行業會消失，許多新興、無法想像的行業又會崛起。換言之，新一代身處變動愈來愈快速的年代，需要的能力絕不只是「一技之長」，而是能優游於變動中、健康茁壯的本事。這是本書一開始要家長認真思索的要點，一旦想通了，緩急之間就有了定心丸，作者甚至還告訴家長有時可以「適度裝傻」呢！

另一方面，作者本身也是閱讀愛好者，對推動閱讀教育深具專長，肯定閱讀是培養終身學習的重要途徑，是開拓人生的必備工具，本書從「知能成長」到「認知深化」，都可以見到閱讀扮演的角色，不論是書籍報刊、興趣培養、策略介入、由讀到寫、親子對話，作者都提供許多細緻的做法與實例，幫助孩子擁有一生的良師益友。

最有趣的是終章的旅行素養，闡述素養的綜合運用，從決定旅程、收拾行李開始，就已經在學習，更不用說旅程中各種情境的考驗。作者提出這樣的見解，讓家庭大大小小的旅行不光是忙打卡、追美食或拍美照，而是變得有長度（足跡的延長）、有廣度（視野的加大）、有深度（學習的實踐），非常值得我們仿效。

此外，本書也在各篇章回應許多家長普遍困擾的問題，例如孩子被手機綁架、手足相處風暴、粗心、考不好……，這些會讓家長氣急敗壞的情境，書中都能就如何做個有智慧的父母提供懇切又具體的建議。

最後，本書不只傳達如何「對子女」實施素養教育，處處更可見「對父母」的期待，特別是父母樂學又樂觀的形象，對子女更是無聲且強大的良師。

我的孩子都長大成年了，但是書中許多觀念對我而言從現在開始亦未晚矣，親愛的讀者，您呢？

推薦文

一張溫暖的素養之網

李儀婷　薩提爾親子溝通專家

本書像極了一張包覆家庭所有生活運作的綿密織網，鬆動家中積習已久的關節，打磨已經僵化的親子應對，在家庭可以施力的各個關節處，慢慢吐絲結網，讓日常生活隨手拈來都是「素養」。

書中精準點出所有父母會遇到的親子教養困境，例如作業戰爭、應考準備、手足衝突等，安秀老師以學校第一線老師的角度，挾帶與教養專家不同的敏銳觀點，從規範養成，到柔軟應對，以「家庭」為核心，發展出獨到的素養教育，讓孩子全面被溫柔包覆，並且向著陽光生長，提升孩子生命的養成。

特別喜歡安秀老師在書中羅織的素養網，隨處可見養分，如書裡兩個女兒為了慰勞母親辛苦準備校長遴選，特別蒐集賣場點數再加上零用錢，買一只馬克杯送給母親。然而，當天母親考試失利，卻能滿懷感謝收下女兒準備的禮物。

這樣的示範看來簡單，實行起來卻異常困難。因為很多大人面對失敗仍有許多情緒湧動，在極難穩定的情況下，還得面對孩子贈與賀禮，不穩定的大人，將會在自我價值上大受打擊，恐怕會把氣出在孩子身上。然而，安秀老師卻坦然接納失敗，也正向回應孩子的禮物，這無疑是為女兒做出最好的生活素養示範：「接納失敗，欣喜活在當下。」

全書篇章從日常生活的親子相處，建立孩子的自信與價值，到學習上的主動學習態度，最後到旅行文化，全方位打點著一個家庭的成長。

《家庭裡的素養課》一如清晨沾了露水的蛛網，當太陽升起，陽光灑在蛛網上，露水就會散發出晶亮的光芒，為孩子增添生命的動人養分。

推薦文

培養孩子終身學習，從父母做起

林祝里
教育部國教署國中小組組長

安秀是基隆市非常優秀的候用校長，我偶爾看到她年幼的女兒在臉書發文，頗有才情。對比這個無動力世代，學校苦於學生不主動學習，更讓人好奇她如何教出這麼棒的孩子。

本書完整記錄安秀老師自孩子一出生就用心打磨的歷程，從家庭氛圍的良性互動、學校學習的配套策略，以及終身受益的閱讀素養，都有非常實用的養成心法，書中俯拾皆是實踐淬鍊而來的金句。

孩子是看著父母背影長大的，這本書讓你看到作者的正向積極，也道出一位優秀教師教養出優秀子女的過程，理念與實務兼備。

家長透過有效教養，能培養孩子具備面對未來所需的終身學習能力。特別推薦本書給關心孩子未來的您！

推薦文

和孩子在愛裡相伴，學習成為更好的大人

蘇明進
臺中市大元國小教師、親職教養作家

教師界裡總流傳一句話：「易子而教。」我們都深知，即便是資深教師如我們，要在教與養的緊湊行程中，心境安定的教自己的孩子，真不是件容易的事。

然而，閱讀本書時，卻有著滿滿驚喜：原來，新課綱的核心素養，可以如此巧妙的與家庭教養結合；原來，有這麼多的策略與心法，能帶來與孩子更深的連結。

從基礎素養、互動素養、學習素養、閱讀素養，再到旅行素養，作者巨細靡遺整理出為人父母者能在家庭裡創造素養情境的諸多寶貴建議。我很喜歡作者這段話：「以愛為始，發展孩子成為全人……，便能展開一段親愛相伴的親子互動旅程。」我們和孩子在愛裡相伴，在學習成為更好大人的歷程中，也因而得到更多滋養與幸福感。

自序

爸媽的愛，描繪孩子人生的素養風景

全球疫情前，自助旅行的準備、出發、歷程和歸來，一直是我們四口之家的生活重心之一。兩個女兒水果姊和可樂果妹早在寶寶時期，使習慣「旅行」和「閱讀」同樣是與父母間重要的話題。因為我們相信，在旅途中所有眼見、手摸、耳聽及感受到的全部，都建立在孩子的大腦資料庫裡，鋪墊成個人氣質涵養的基礎。

原本只是單純把旅行視為親密的家庭時間，除此之外，並未深入思考「旅行」與當時還沒上路、但已喊得震天響的新課綱「素養」之間有何關係。

直到二〇一九年夏天，一場師生及母女三人的「日本關西鐵道文青之旅」，橫跨瀨戶內海到日本海，晨起晚歸，我看到當時只有九歲的水果姊的耐力與穩定；漫長的車程時間，我看到她自我安排的能力；拜訪日本友人時，我也看到她跨過語言隔閡，與日本小朋友和善玩在一起的喜樂。每到一個景點，我的高中恩師王美霞老師便帶水果姊探索職人精神、認識藝術季上草間彌生的創作能量，也學習理解並敬重異國文化。

八日的旅行，好似一段濃度極高的學習歷程，我看見孩子的視野與胸懷一寸寸被開啟，讓她用謙卑的態度迎接、吸收、欣賞原本不認識的世界。新課綱的基本理念「自發」、「互動」、「共好」的最佳實踐場域，竟然是在旅途中。

回來後，同行的美霞老師鼓勵時任課程督學、比一般民眾更頻繁接觸也更了解新課綱的我，結合政策的轉譯與生活的實踐，導入素養教育的實踐，分享給需要的家長，這就是我設立臉書粉專「顏安秀．素養旅行」的緣由。而陪伴許多家庭創造美好的素養風景，更是我開始教育書寫的初衷。美霞老師長期推動公益與文化的平臺「南方講堂」，則是我看齊效法的典範。

寫作粉專以來，社群媒體上快速的回饋與讀者來訊，讓我更深一層知道家長的痛點與擔憂。爬梳自己過往擔任導師、教育行政人員及養育兩個孩子的經驗，益發體會到，教育從家庭內先啟動及扎根，效果更為深遠。

在此同時，可愛的雙果姊妹每天給爸媽不同的功課，我就跟所有母親一樣，在愛裡，學習如何去愛；在情境裡，找出適合孩子又能解決問題的方法；在日復一日的生活裡，透過陪伴、閱讀、談話，甚至無聲的抱抱，傳遞這個家所堅信的價值。我也在路途上，跌撞匍匐的學習怎麼當媽媽。所幸，原本的教育背景，讓這條教養之路，風景比風雨多。

這些歷程，我持續以文字誠懇記錄，希望與家長共勉。有時候也會喚起當時報考校長的初衷：「不只想照顧一班孩子，更想照顧一校的孩子」。如果能藉由這樣的相互激勵和傳遞，發揮更多教育正向影響力，對一個教育人而言是莫大的光榮，也不辜負眾多教育前輩默默示範的身影。

寫這本書的同時，也一直想起年幼時，母親為我的閱讀及寫作奠基，更深刻相信，人不管走了多遠，家庭的根與所領略的愛，決定人生的步伐是否穩健長久。

本書的第一章和第二章，聚焦於家庭內的基礎素養和互動素養。這是孩子未來有能力出發的源頭，而能給予人生寶貴禮物的就是爸媽了。

第三章是所有家長很關切的學習議題：素養教育對學習有什麼影響？孩子面臨的考試又會因素養教育而有什麼變化？

接著帶出第四章的閱讀素養。閱讀力，是孩子要通過素養導向各項評測及前進未來世界，所該具備的最重要能力，我也分享了自己和兩個孩子共讀的經驗。

最後一章談旅行。從孩子的成長來看，素養學習最好的場域，就在旅途中。旅行帶給孩子的收穫，最為全面。

全球疫情讓教育與學習面貌有了巨大改變，但不管線上線下、實體虛擬，爸媽的角色永遠最重要，既是溫暖的陪伴者、耐心的引導者，也是策略的建議者，及檢視成功或失敗的討論者。爸媽是孩子探索世界時最初的同行者，爸媽的愛與灌溉，為孩子描繪出屬於他們的獨特素養風景。

祈願本書的出版，能為你我、家長與教師之間創造多贏；而最大的贏家，永遠是我們所愛的孩子。

第一章

素養，家庭內生成

家庭信念與基礎素養

1 後疫情時代，家庭素養教育的重點

素養的形成需要大量學習，才能進化為成熟的個體。然而許多潛在的習慣，都可以在家庭生活中內化。要讓孩子在未來世界游刃有餘，一定要讓他具備AI無法取代的特質。

早在幾年前，AI的深度學習議題已開始在業界及教育圈發酵。只要讓AI讀入大量資料，便可打敗人類棋王、或像醫生一樣判讀病例找出解方，甚至能自動駕駛交通運輸工具。在這情況下，「認知能力」再也不是人類長處，單調而重複性高的工作也將消失。

所以，教會孩子活用所學、解決問題，遠比讓他熟記知識重要。陪伴孩子走向未來的家長及師長，真的需要跳脫固有思維，別再用傳統的期待和認知，去教下一代如何面對充滿未知的未來。

近幾年，世界各國都發起了教育改革，名稱或有不同，但相同的目標就是要培養未來的國民成為能適應ＡＩ時代的人才。在臺灣，一〇八年上路的新課綱及其核心精神「素養教育」，就是因應這樣的世界浪潮所做的重大教育改變。

現場教師本來還有時間按著課綱指引，慢慢增能成長，裝備新的教學能力再來教育學生。但突如其來的世紀病毒，全球超過十五億學生停課並居家線上學習，徹底改變過往學習模式，教室風景再也不同。

當全世界的孩子因為疫情必須從線上學新知、尋夥伴、找答案時，知識來源已經不只是以前站在面前的老師，而是全世界的資源。這時候，父母需要準備什麼，才能陪孩子跟上這快速的變化，並幫助孩子從容享受學習與成長的歷程？

啟動家庭素養教育，從突破ＡＩ開始

對應著家長亟欲了解新課綱的焦急心情，學校端搭配核心素養教學，也積極跟上世界及國內大型評量（如「國際學生能力評量計畫」〔PISA〕、「促進國際閱讀素養研究」〔PIRLS〕、「國際數學與科學教育成就趨勢調查」〔TIMSS〕、國中教育會考等），以題組形式呈現，且跨學科領域的專題學習和評量，已成為教育趨勢，家庭內也應在親子的愛與關懷上展開素養教育，提早陪伴孩子具備應對ＡＩ世界的眼光與能量，勇敢邁向未來。

那麼，家庭素養教育，該重視哪些重點？

首先我們猜一下，ＡＩ缺乏什麼？是的，ＡＩ可以提供完整無誤的訊息，並且行使分毫不差的指令。ＡＩ能依據數據和程式進行完美的作業，但ＡＩ沒有感情、不懂創意，也無法在各項議題之間做連結和整合。

我們再來看新課綱裡核心素養的內涵（見下頁，圖1）。光看以下幾點：自主行動下的「規劃執行與創新應變」、溝通互動下的「藝術涵養與美感素養」，和社會參與下的「多元文化與國際理解」；都是ＡＩ難以駕馭的領域，自然是人類可以好好發揮專長的地方。

若家長覺得自己沒有那樣的專業，無法給孩子如此深化的教養，那家庭內至少可以在「身心素質與自我精進」、「系統思考與解決問題」、「符號運用與溝通表達」、「科技資訊與媒體素養」或「人際關係與團隊合作」等項目，提供孩子良好的奠基。

六個面向，打造孩子的素養力

家庭內可以做的事真的很多；父母們要相信，用心的自己，絕對是孩子最佳的支持者、

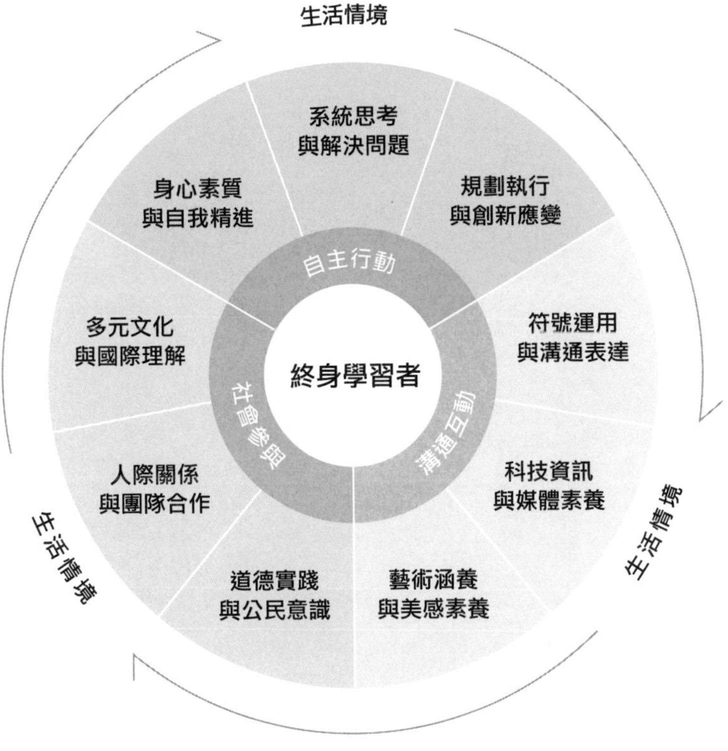

〈圖 1〉新課綱核心素養的內涵（三面九項）

陪伴者，及引導者。以下幾個面向，會是家庭素養教育不錯的起步。

1 自主性

工業時代，因應生產線興起，工廠得以大量生產模組化物品，既可簡化人力，也能降低成本，過去的學校教育，甚至被詬病是為了應付工業時代的產物。

但未來不一樣，獨特的個人智慧和思維，有成熟完整的人格，不依賴他人給予答案和解決事情的方法；能自己推演和創意思考，也懂得跳脫框架從不同角度看待事情，才是新世代搶手的人才。

2 自我管理能力

這包含了基本生活能力、自我學習能力，與攸關學習效果的時間管埋能力。

素養的形成需要大量學習，才能進化為成熟的個體。然而許多潛在的習慣，都可以在家庭生活中內化。

自我管理能力也涵蓋目標設定、綜合判斷時間與任務間的關係、找到適合自己的策略、高度自我效能感、及堅持下去的毅力等。

自主學習能力包括能在載體（含書籍、音訊、影片等各種媒材）中找到學習資源，而且自己又有篩選標準，會使用資源卻不被網路世界迷惑等，都是新世代必備的能力。

3 同理心

家庭，是說愛的地方。讓孩子在愛裡長大，也學習怎麼去付出愛、表達愛，懂得怎麼觀察他人的情緒，同理他人的感受，讓孩子成為一個「有感覺」的人。更深一層延伸來看，人類獨有的特質：愛、溫暖、支持、撫慰與陪伴，是冰冷的ＡＩ做不到的，是人類唯一勝過機器人之處。

要讓孩子在未來世界游刃有餘，一定要讓他具備ＡＩ無法取代的特質，這將會是老闆選用他、團隊需要他、客戶看重他，超越別人的地方。

而最珍貴的人類特質，就是同理心。能感受、理解、呼應他人的感受，是人我之間最美好的互動基礎。

4 創意

創意思維，來自容許犯錯但也鼓勵修正、靜待改進的家庭。但創意不代表天馬行空毫無節制，而是在某種秩序感下，引導孩子從多角度看待事情，或為問題找尋各種解方。多類型的大量閱讀有助於思維的豐富性；旅行，更是另一個絕佳選項。

童稚又可愛的幼兒其實是最有創意的一群。讓孩子在成長過程中，多動手操作、多體驗感受，並鼓勵他們把想法畫出來、說出來、表演出來。這所有點點滴滴，都會呵護孩子的創意。

5 與人、與AI的協作能力

不久的未來，AI是我們重要的工作夥伴。各項事務或專案轉為線上化後，人類夥伴卻可能遠在地球另一端。如何與真實的人以及智慧的AI共同協作，不管是實體互動還是虛擬交流，都需要不同的練習。

跟AI交流，就得懂與它溝通的語言，補強它的不足。與人類互動，就得尊重對方的文化、理解他的難處。不管是哪種協作，各式「語言力」相當重要；但包容欣賞的胸襟，將是合作能否順利愉快的主因。

在家庭裡，培養孩子欣賞其他手足的優點，設計小任務讓家人一起投入，讓孩子有機會從小練習多一點承擔、多一點體諒、懂得調節情緒，讓他在同儕中成為受歡迎的角色。

6 清楚且友善的表達力

好好說話、把話說好，孩子說話的藝術是從家庭內養成的。我們並非要求繁文縟節，而是期待孩子說起話來，既能清楚陳述觀點，也要應對得體，讓人如沐春風。孩子說話的學習對象，就是家中的父母和長輩。孩子對於說話技巧的掌握，也是由父母和長輩傳輸的。好的人我應對習慣是豐潤的沃土，會給孩子帶來許多機會，那就得從好好表達開始。

後疫情時代，學習已經有了新型態；家庭教育自然不能缺席這次帶來改變的大浪潮。以愛為始，發展孩子成為全人；父母由此認識素養教育、觀察未來趨勢，並採行具體可行的策略，便能展開一段親愛相伴的親子互動旅程。

2 終身學習的爸媽，是最好的榜樣

孩子都是模仿著父母而長大的，父母熱中求知與持續進化的身影，會烙印在孩子心中，知道「學習」是伴隨人生不斷存在的，而不是專屬於「學校」或「課堂」。

二〇一八年施測的 PISA 讓學生回答三個問題，來測試「害怕失敗指數」：

1 當我失敗，我擔心其他人怎麼看我。

2 當我失敗，我怕其實自己沒天分。

3 當我失敗，我會質疑自己的未來規畫。

臺灣學生在第一、二題的指數都是全球第一，第三題是全球第二。

從當年的分析來看，我們的孩子是全球最怕失敗的學生。更多時候是為了避免失敗，寧願捨棄進一步的嘗試，這真是莫大的隱憂。

「你的孩子害怕失敗嗎？」

回答上面的問題以前，做為父母的我們，可以先問問自己：「我害怕失敗嗎？」、「我會因為害怕失敗而拒絕學習或挑戰嗎？」父母師長如何看待失敗，會直接影響孩子如何面對失敗。

近來科學界和醫界發現人的大腦可塑性極高，在學習時，大腦神經路徑會變得更豐富，尤其在面對挑戰和試圖解決困難時，大腦會持續進化成長。

大腦並不是隨著生理到某個年紀就固化在那裡；而是在學習後逐步提升，人若是願意改變認知，大腦也會跟著改變，增加突破困境以及成功的機會，這是「成長性思維」的簡易定義。

所以，勇於嘗試、持續學習、不因阻礙或挫折而輕易放棄，就顯得很重要。我們要為孩子培養成長性思維，而「再試一次」的勇氣，奠基於願意持續學習的主動性，這將給孩子不一樣的生命風景。

讓孩子看到父母開心學習的樣子

孩子都是模仿著父母而長大的，父母熱中求知與持續進化的身影，會烙印在孩子心中，知道「學習」是伴隨人生不斷存在的，而不是專屬於「學校」或「課堂」。在絕大部分情況下，父母的言行舉止，形塑了孩子的氣質與價值觀。我們是什麼樣的人，就會傳遞什麼樣的訊息給孩子。

「喔，我好累喔，下班已經努力做到不追劇了，也盡量陪小孩了，真的沒體力跟時間再學習什麼了啦！」我知道很多爸媽心中一定這樣想。

是啦，上班真的好累。長官、同事、業務、績效、外部合作單位，以及天上不時掉下來的麻煩事……。上班時間度日如年，從週一就等著週五，卻感傷的發現從週五到週一只有一眨眼，對嗎？休息放空的時間永遠不夠，好不容易脫離當學生的日子，現在為了扮演好爸媽的角色還要這麼累？

其實，可以從另一種「讓自己更開心滿足」的角度來看待這件事。

就是因為填滿工作的生活很無力，所以才要找一件喜歡的事來學習，當作調劑身心或轉移情緒。已經很多研究證實，學習或進入心流體驗，會給人帶來愉快幸福的感受。更何況，生活中有件能專注且自我滿足的事，既能讓身心得到舒緩，也能避免把全部重心放小孩身上，不是很好嗎？

「我不知道要學什麼，學東西要花錢，也沒空出門上課。」這一定是很多爸媽的困擾。

這個問題我們可以分三部分來拆解：

1 不出門也可以上課

因應疫情，現在大量課程轉為線上化，有專業的講師錄製、剪輯、後製等，我們只要打開電腦或是拿出手機，就可以上課啦！而且很多課程還可以不限次數回看，隨時隨地都可以複習。

不但線上課程豐富多元，聲音課程也蓬勃發展，做家事時可以「用耳朵學習」。

2 不花錢也可以學習

如果不想花錢，YouTube 上有很多免費影片、Podcast 的聲音內容也大多免費、到圖書館或向朋友借書，還可以參加社區大學或公益單位舉辦的免費或收費低廉講座……。只要有心，一定可以找到學習資源。

3 找有趣的事來學習

人都會有感興趣的事，如小時候未竟之夢想等，什麼都可以，也不一定要學專業技能，純粹休閒怡情也是學習。生活不會只有工作跟家庭，一定有什麼事情是有趣的，端看願不願意「投資」自己罷了。

這裡指的「投資」，包含給自己從學習中得到快樂和享受、給自己一次蛻變與成長的機會，以及給自己豁然開朗的視野。更大的重點是，我們都要試著蹲低，從孩子的視角，客觀審慎看待我們是什麼形象的爸媽。

成長性思維，幫助孩子樂於學習與接受挑戰

你知道孩子怎麼看待你嗎？

「我的媽媽很愛看書、很愛寫作，但生氣起來卻很恐怖。」這是可樂果妹「介紹家人」簡報關於媽媽的那一頁。我看到時哈哈大笑，媽媽的正反兩面，她都抓得很精準啊！

我們的一舉一動，包括勤勉或懶散、堅持或懈怠，以及我們對「學習」這件事，是充滿熱情還是無動於衷，其實孩子都在觀察著。父母身體力行做為示範，是很好的榜樣。

如果我們是具備「成長性思維」的家長，知道人生不只現在這樣，還會有無限的可能和精采，勇於追求想要的目標與價值、樂於學習與接受挑戰，甚至在自我精進路上，隨時與孩子分享心得與收穫，那麼，孩子眼睛看的、耳中聽的，就會形成他心目中價值觀的一塊，最終也會跟我們一樣，長成對學習與生活充滿熱情的樣子。

因為他就是在「終身學習者」的爸媽照護下，看著、聽著、跟著、模仿著長大的。

3 爸媽能給的三件禮物

家庭教育最可貴的，除了親情的愛，其次就是價值觀的傳承。孩子愈長愈大，幼時埋在心裡的價值觀，將會協助他做判斷，以及決定自己是什麼樣的人。

在孩子的成長過程中，擔任最重要角色的父母，選擇「優先做什麼」，對孩子素養的建立，甚至未來的發展，都至為關鍵；過猶不及，皆非良方。每個家庭對這議題有不同的答案，但總有些最根本的能力，需要在家庭內打下扎實的根基。

新課綱核心素養裡的第一面向「自主行動」，包括一個人的身心素質，能否自我精進，是否有解決問題的能力等，都奠基於成長階段於家中習得的涵養或能力。我在教育現場觀察超過二十年的結論是，孩子是否擁有以下這三件爸媽給的「禮物」，對學習成效或人際相處，有深刻的影響。

1 學習「時間管理」

進入學習階段的孩子，若具備時間管理的概念、規劃與執行力，較能化解作業焦慮及增強學習效果。時間管理的學習，可同時搭配責任感的養成，雙管齊下，效果更好。

「自己的事自己做，重要的事優先做」，這是我常跟兩個女兒雙果姊妹說的，對學生而言，完成作業優先於其他事情，這是基本的「責任感」。

但在寫作業前，我常會問水果姊：「你今晚有哪些事要處理？優先順序是什麼？」讓孩子練習思考今晚有多少時間、任務和想做的事。盡量讓時間跟事件「量化」，形成具體感，有助孩子理解和掌握。

比如，水果姊可能說晚上有三、四個小時的空檔（從睡覺時間倒回去算），應該要處理與想做的事可能有「完成功課、吃飯、洗澡、練圍棋、讀英文、看數學線上課程、自由閱讀、剪報、陪妹妹玩……」等好幾樣。

不見得有辦法把「必須做」及「想做」的事全數完成，這時候請孩子依照「重要的事優先做」原則，進行挑選和排序，並思考哪些必須捨棄，哪些又得排在前面。

一段時間後，孩子會很習慣如此安排自己的時間，父母就不用每天跟孩子逐一確認，只需要問：「嘿，你今晚有什麼打算跟安排？」然後盡量尊重孩子的規畫。有時候口頭討論後，可以讓孩子拿紙筆畫下圖表，讓時間規畫這件事更加可視化。

父母需要做的，是協助孩子「適度均衡」，不需要貪多務得，把所有時間都填滿事項，幫助他們調節，一次次讓孩子增強「我也可以掌握時間把事情做好」的信心。

2 養成「閱讀習慣」

可以陪孩子一輩子的，只有他自己和遇到困難時想學習新知的能力。那個能力，建立在自發性的閱讀習慣上。

孩子未來面對的世界型態，沒有任何知識可以永久保障，只有透過閱讀而來的找尋解答的能力，能在他需要時補充能量或給予建議。

然而，閱讀力並非天生具備的本能，除了興趣的培養，閱讀技巧的學習和閱讀策略的使用，都會讓閱讀這行為得到更多滿足感，也會正向循環的鼓舞孩子「更愛閱讀」。而爸爸媽媽同在閱讀的身教，遠甚於言傳，是孩子看得見的榜樣。

關於家庭閱讀策略的分享，在本書第四章可以看到更多實例。

3 建立正確「價值觀」

價值觀，是我們真心認同的東西，也是行事為人的信念。孩子未來長大成人，他的氣質、教養、風格與待人接物，端看家庭給他的價值觀。

但價值觀不是用說的，而是父母身體力行，在點點滴滴中，傳輸及引導孩子。比如，我們希望孩子認真看待自己的學習、生活與追求的夢想。孩子不是聽父母怎麼要求，而是看父母怎麼看待自己的工作、生活，以及如何努力追求夢想。

又如，我們希望孩子秉持善念，正道行事。那麼，父母做選擇時，是不是依循善念與正道，孩子也看在眼裡。

父母真正認同什麼，以及表現出來的言行合一，可以讓孩子建立屬於這個家庭的價值觀，同時成為人格特質的一部分。

在我們家，爸媽相信自身努力的重要，雙果姊妹就會知道應該認真面對自己的（學習與生活料理）責任。爸媽重視家庭，兩姊妹便會愛護珍惜家人。爸媽待人大方有禮，孩子自然顯露出禮貌和善的氣質。

家庭教育最可貴的，除了親情的愛，其次就是價值觀的傳承。當然孩子愈長愈大，會遇到「重要他人」，也會認識好的師長朋友，自然能學習他人的優點。但孩子不可能永遠待在溫室，當然也可能接觸到不同素質的同儕，幼時埋在心裡的價值觀，將會協助他做判斷，以及決定自己是什麼樣的人。

這三件禮物，都是需要在時間脈絡下，慢慢深化於孩子的內在，可以自小在家庭裡，由父母引導、示範、身體力行。每項禮物都很珍貴，在花心思醞釀及引導後，這就是父母所能給的，充滿愛的人生禮物。

4 孩子最好的激勵啦啦隊

能自我喊話激勵、對自己加油不放棄，相信有能力找到辦法跨過困難，是重要的心理素質，只有孩子能陪伴自己一生。

孩子成長路上，最好的激勵啦啦隊是誰？是用心的父母如你我？是有緣且用心的好老師？還是結伴共行的好朋友？

都不是，答案是他自己！

能終身與孩子作伴、時時刻刻與之對話的，只有他自己，與他自我的聲音。所以，培養孩子有個強大的內在，才能與他一生相伴。

我想起當年準備高中聯考時，考前幾個月每天起床都對著鏡中的自己說：「你這麼棒，考上第一志願沒問題！」所以即使模擬考成績高高低低，最後還是順利錄取，為我的「每日信心喊話」，畫下漂亮句點。

這可要感謝當時英文老師以「畢馬龍效應」（Pygmalion Effect）鼓勵我們：當你認為自己可以，就做得到！

讓孩子相信「我知道自己可以」

「畢馬龍效應」是著名的心理學實驗，當孩子被自我或他人期許更高時，他對自己的信心和能力也會高度增強，本來做不到的事，也能自我激勵的完成。

另一位心理學家班杜拉（Albert Bandura）提出「自我效能」（Self-Efficacy）理論，指出個人若對自己具有高度信念，就會相信自己有充分能力完成某事。但自我效能未必與本身已經具備的能力有關，反而與「自我判斷」比較相關。

這是一種「我相信自己可以」、「我相信自己做得到」的自我暗示，讓自己不畏艱難、不怕挑戰，持續努力直到達成目標。

過去的教學生涯中，我發現符合心理學家說的「高度自我效能感」的孩子，往往具備堅毅的特質與一試再試的勇氣，性格也較為樂觀開朗。我歸納出這些孩子的個性特質：

1 不怕困難，勇敢面對

不過度考量消極因素與悲觀想法，意志堅定的想要挑戰及解決眼前的困難。

2 想方設法，天助自助

遇到困難就想辦法，知道與其自怨自艾，更相信自己站起來，老天才會幫忙。

3 主動出擊，爭取勝利

願意多一點努力，挑戰本來沒有經驗的事物，或積極嘗試任何可行的方式。

依照孩子性情，引導產生自我效能感

太多因素可以影響一個人的自我效能感，這不是與生俱來的氣質，然而父母就是最佳引導者，提供溫暖的鼓勵和有效的方法，多加觀察孩子性情和遭遇的狀況，對症下藥：

1 協助孩子獲得成功經驗

雖然我們常說「失敗為成功之母」，但心理學家已印證「成功才是成功之母」。

成功的經驗，會帶來信心，並得到更多能量面對下次挑戰。呵護孩子的成功經驗，並非幫他製造成功，而是幫忙搭建細部鷹架，或把每道步驟拆成更多等分，在一小步、一小步階梯的奠基下，孩子可以爬得更高。

2 不要過度強調自己給孩子的幫助

要提高孩子的自我效能，就讓他們學習歸納出以前之所以成功（或挫敗）的經驗，例如讓孩子總結考好（或考不好）的因素，練習建構獨特學習模式。

父母不要太過強調自己的協助，更別說：「都是我幫你複習，你才會考得好！」那會大大挫折孩子的自我效能。而是要告訴孩子：「因為你想要，就可以做得到！」、「你能做得好，是因為你真心想要（做好／表現好）。」

高度自我效能的前身，是自我設標與努力達標的歷程。一次次的成功經驗，才會打造孩子對自己的高度效能感。

3 父母師長不要過度看重「失敗」

以孩子來說，成長的重點是「學習」，以及學校的考試和人際關係。父母師長不要過度看重歷程中的失敗挫折，也不要有太強烈的情緒反應（例如看到孩子考不好就失控大罵等），需要重視的不是結果（分數），而是和孩子一起找出造成結果的原因。

若是過度看重失敗，等於是間接暗示孩子，失敗是不能被接納的選項；這也等於在灌輸孩子：「不需要獲取成功，只需要避免失敗就可以。」

父母師長要調適心態，把「失敗」與「成功」都當成孩子成長路上一次次的經驗，重點是「學到什麼」，或「累積了什麼」，那比單一結果帶來更豐富的生命禮物！

4 讓孩子設立榜樣

引導孩子觀摩同儕，焦慮不安時，看看他們怎麼自我激勵。也鼓勵孩子讀傳記，看看努力的人如何在艱難時為自己打氣。生活上也有很多傑出例子，父母可以與孩子討論，多談談他人跨過哪些障礙、做了什麼事。

舉例來說，每次國中教育會考或學測後，媒體總會報導一些身處刻苦環境仍力爭上游的學生；也或者每年總統教育獎得主，都是在困難中突破自身或環境限制，創造人性光輝的例子。讓孩子看看這些新聞，也和孩子討論。「努力」與「突破限制」，是我們要和孩子彼此鼓勵的部分，不只是最後獲取的桂冠。

5 父母以外的人給予肯定

父母以外的人（如老師）若對孩子表示鼓勵和欣賞，會帶來更高價值的榮譽感。不要小看語言的貶低與打擊帶來的傷害性和嚴重度，不要嘲諷孩子的錯誤，或預言努力沒用。孩子聽到的話語為何，就會形塑出看待自己的眼光為何。

水果姊中、低年級時，我與兩位導師合作密切，也請老師在班級內，若水果姊做了什麼，具體肯定她，或給她一點機會公開發表或分享。

例如一年級時，我請老師在她看完整套中文版《神奇樹屋》（*Magic Tree House*）後，主動問她是否可以向全班同學介紹這套書？老師邀約，效果比媽媽要求的好多了。果然，老師請她分享，賦予榮譽感，她也就願意接受挑戰，然後回家找我練習講什麼、怎麼講。

重點並不是要講得多好，而是鼓起勇氣，完成了一件「本來不敢做」的事。水果姊的經驗變豐富了，對自己的相信也更多了。

我問她：「講的時候，你覺得同學聽得懂嗎？」

她說：「有幾個人好像不太專心，頭轉來轉去，但也有好多人眼睛一直看著我，然後下課來跟我借書去看。」

她閃爍發亮的眼神讓我知道，因為克服一次挑戰，獲取了一些正面的經驗，她對自己未來能掌握「公開說話」這件事，有更好的自我效能感。

懂得為自己加油及信心喊話

我常對兩個孩子說：「爸爸媽媽不會陪你們一輩子，你們除了是彼此的姊妹和最好的朋友，最重要的是你怎麼看自己、陪伴自己，學會在不順利時為自己加油。」

可樂果妹問：「跟自己說加油加油嗎？」她還很可愛的握起拳頭。

我說：「不只這樣喔！你可以看著鏡子對自己說話，像是在跟另外一個人說話。媽媽參加校長遴選很緊張，過程也很辛苦，所以要對著鏡子給自己打氣，說加油或安慰的話。總之，就是告訴鏡子裡的那個人：『你好棒喔！你的努力我都知道、再撐一下下……』」

可樂果妹：「但是媽媽，（你參加遴選）我也都有幫你加油，我也都有抱抱你呀！」

我說：「我知道啊！你的抱抱很溫暖。媽媽的意思是，當你在做自己的事或不在我身邊，但媽媽很需要勇氣時，我就會在心裡或看著鏡子跟自己說話，幫自己加油。」

可樂果妹：「我知道了。我和姊姊在家的時候，我們可以抱抱媽媽；但我們如果不在家，媽媽就鼓勵自己。」

我摟緊了她：「對呀，所以將來當爸爸媽媽姊姊不在你旁邊，你又需要一個加油或安慰的力量，就像媽媽這樣對自己說話，然後你就會有力量，繼續挑戰或努力。」

最好的激勵啦啦隊

讓孩子看到父母怎麼與自己為友、擔任自己的啦啦隊，及寬慰鼓勵自己；在他心裡種下一顆種子，哪天他遇到困難時，就會想起當時爸媽是怎麼做給他看的。

在教養的路上，老師絕對是父母的好夥伴，配合老師在學校的教學規畫，也請求老師協助家長的教育安排；親師之間，若有互信與共同的方向，為了孩子所做的一切，都會是很美好的合作。

然而，只有孩子能陪伴自己一生，因此「能自我喊話激勵、對自己加油不放棄，相信有能力找到辦法跨過困難」，更是重要的心理素質。在孩子還小的時候，逐步引導，做給他看，除了讓他具備「我可以做得到／我可以做得好」的自我效能感，也讓他的自我內在成為一股無比強大的力量。自己，才是孩子最好的激勵啦啦隊。

5 今天讓孩子自主做決定了嗎？

我們再怎麼愛孩子，都無法幫他做一輩子的決定。終究，孩子要在每次成功或失敗的經驗中，慢慢學習時間管理、慾望控制、策略擬定、任務推進，以及責任養成等功課。

孩子具備自主性，未來才會是成熟的人。而自主性的初步展現，就是敢於自己做決定，然後為此負責。但這樣的素養包括自我管理、預設結果、付出努力，和面對承擔，都不是與生俱來的能力，也不該由學校從零教起。家庭，是孩子逐漸養成自主性最好的地方。

這就是為什麼千萬別當「直升機父母」。爸媽要自我提醒，在孩子不同的年紀、成熟度以及事件狀態上，逐漸放手和後退，讓孩子可以養成勇氣，在一次次經驗中，為自己做出愈來愈好的決定。

從選擇到能試著規畫

要孩子做決定，先讓他從「有限度的選擇」開始。挑出一個喜歡的選擇，其實也是在慢慢思考和判斷：「我比較喜歡哪個？」同時考量如何衡量利弊，然後接受結果。

水果姊很小就跟我們出國，有時候我會讓她選：「你要坐靠窗的位子嗎？可以看外面漂亮的風景。或者你想要坐在爸爸媽媽中間？媽媽靠窗、爸爸靠走道，這樣你的左邊、右邊都有大人。」

如果她選擇靠窗，坐定後就不能要求這時要爸爸陪、等一下換媽媽陪。我會讓她做選擇，但在選擇前，會讓她預先知道各個選項帶來的結果。而這些事，我們也會在家裡以畫機艙圖的方式，跟兩、三歲的她談好，出發到機場後還會再三確認她的意願。

孩子是否會在做了決定後耍賴？其實難免，假使家長因心軟沒有拿捏好，有了第一次就容易有第二次。

所以在幼兒時期，只要孩子完成一次「選擇後並堅持到底」，我一定會誇大的表揚和讚美，告訴孩子，這很不容易。

整個歷程大概會是這樣：

1 講述情況並提供選擇，然後明確告知孩子，每個選擇背後的優缺點。不同的選擇，會有不同的得到和失去。

2 實際進行前再多次跟孩子確認，並鼓勵他遵守約定。

3 孩子年幼時，要堅持約定之事可能不容易，或許會哭鬧要求改變選項。為了讓孩子轉移注意力，可以讓他分心在別的事上，例如拿出事先準備的玩具或零食，幫助孩子執行本來的決定。

4 事後馬上肯定孩子超越過去的自己，做了一個選擇，並堅持完成。

5 未來再次提及時，要讚美孩子給予正增強，肯定他能為自己的選擇負責任。

在這樣的過程中，孩子經歷了：

1 評估和判斷（每個選擇都有不同的優缺點）。

2 確認自己意願，自我強化「我可以完成它」。

3 在爸媽的陪伴和引導下，完成當初的選擇。

4 被肯定自己是可以堅持的人。

5 在感知中建構「能負責任」的自我看待。

這是很好的價值觀建立，就算是兩、三歲的幼兒，也能在父母提供的有限選擇下，在過程中練習，然後慢慢相信自己可以做對選擇、也可以堅持到底、更可以為選擇負責。

等孩子再大一點，他的世界逐漸寬闊，我們可能連選擇都不提供，由孩子試著規劃。但是，適度的提醒重點和引導還是必要的。家長慢慢退，孩子的能力會逐漸厚實。

「自主行動」，就從為自己做決定開始

停課防疫期間，水果姊隨我到辦公室上班，我們各自忙碌，她在一旁上網課、處理作業、複習功課、寫評量；或者閒暇時看看喜歡的書、做點簡單的美勞。

當我在忙、她不能打擾時，就會留紙條給我，簡單交代她已經做完什麼、現在要做什麼、等一下準備做什麼：

「我自然寫完一半了，休息十分鐘，十一點十五分再回來寫。」

我只提醒她幾個原則：

1 要清楚每天的任務是什麼，也要學著安排先後順序，重要且急迫的事情先完成。
2 每天的時間就是這麼多，自己要能決定多少時間工作、多少時間休息。
3 只要有自己的想法，媽媽都會尊重。

這兩、三年來，很多家長疑惑，素養到底要教什麼、怎麼教。但我總是傾向不要把「素養」當新東西，它就是各種能力的統稱，目的是能解決眼前的問題。

新課綱中的核心素養第一面向「自主行動」，就該從孩子「可以為自己做決定」開始，包括如何調配時間、決定如何學習、想要什麼喜好……

家長可能會擔憂，放手的尺度在哪裡？孩子會不會擺爛？如果放手了，但他根本沒有遵行承諾怎麼辦？如果我選擇相信孩子，但他最後讓我失望了怎麼辦？

要不然就是從過去挫敗的經驗直接導出結論：我幫孩子決定／安排／規劃會比較好，省時又有效。

但我們再怎麼愛孩子，都無法幫他做一輩子的決定。終究，孩子要在每次成功或失敗的經驗中，慢慢學習時間管理、慾望控制、策略擬定、任務推進，以及責任養成等功課。

帶著女兒前往辦公室的路上，我會跟她聊天：「你今天有想做什麼事嗎？」、「有幾節網課要上？」、「今天的空檔想做什麼？」

孩子不一定每次都會有想法，這樣的聊天也不是要孩子聽從大人安排。但重要的是引導孩子「有意識的思考」：我有多少時間？我需要做哪些事？我能不能為自己安排？

在引導孩子思考怎麼做決定的時候，爸媽給予的建議步驟可以是：

1 先釐清有多少事要做，並掌握有多少時間

最好能夠視覺化呈現，或許是條列、也或許是時間表格，請孩子寫或畫下來，會更具體清楚，也讓「時間」和「待辦事項」更一目瞭然。

如果孩子不太能掌握怎麼列表，可以建議他以「小時」或「整點」切分，要不然就比照學校的上下課時間，只要孩子熟悉就可以。

我們可以和孩子討論他的想法，但建議原則上大人尊重孩子的規畫，讓他感到「可控感」，才會相信：「父母讓我做決定，是因為信任及尊重，是說真的。」

2 依照輕重緩急，排出先後順序

「重要的事優先做」，是我們要提醒孩子的大原則。當然孩子可以在「幾件」重要的事之間，穿插緩和、簡易的任務，以做為調節。

什麼是「重要的事」？以停課不停學的那段日子來說，「上網課」及「該完成的作業」就是重要的事。這當然可以視情況適度調整。

3 懂得為自己的計畫留白

留白，是重要的事。孩子在做時間規劃時，往往會忽略了「休息」，塞很滿的結果是，很快就放棄了原本看似完美的安排。留白也是為了能夠緩衝和調節，這是孩子所列的計畫能走到最後的關鍵之一。

適度裝傻，孩子下次做決定會更好

孩子執行計畫時，家長就睜隻眼、閉隻眼吧！不要時時催促，而是得告訴自己，孩子雖然做了決定或承諾，但剛開始做得不完美是正常的。只要孩子願意思考時間的安排及進行的順序，就是很好的起步。不需要執行率達標才讚美他，而要看重孩子希望自己更好的初心及努力去做的部分，給予肯定。

父母的忍住不過問或適度裝傻，放手給孩子更大的彈性。孩子若表現好，固然值得鼓勵；若自主性的訂了計畫卻擺爛，那就有了聊一聊的機會。

找孩子來談談，是不是計畫訂得太好高騖遠了？還是遇到什麼預期外的困難？如果都不是，就純粹是堅持力不夠，那麼，明確告知孩子爸媽對他的相信與支持，以及下次還是會陪他再次練習、做可以為自己決定的人。

就跟幼兒階段一樣，孩子做了決定，家長就陪伴、鼓舞、提供建議，協助孩子盡可能完成預定的目標，並獲得「我可以堅持到底」的高峰經驗。

每天利用小小的鷹架，一次次累積孩子「為自己做決定，且能夠執行和承擔」的信心，自然可摸索出一套模式，既能提升孩子的自我價值感，也讓父母下次放手時，更放心。

6 孩子能自主做決定的兩大祕密

呵護孩子的主動和自覺，並協助他慢慢具備負責任的擔當。具備主動與自覺，再逐步養成承擔與責任感，孩子將能愈來愈勇敢為自己做決定。

前一篇，我們談了鼓勵孩子自己做決定，這是涵育孩子素養很重要的一部分。但並非一蹴可幾，非常需要爸媽的引導、支持、理解和持續相信。

而能自主決定的素養，是否能穩固發展，事先的「主動性」及事後的「責任感」，是非常關鍵的兩部分。

用漢堡來比喻三者間的關係：「自主決定」若是中間美味的肉塊，也是整個漢堡最精華的部分，那上下包夾的麵包，便是最基礎的「主動」；而「責任感」，就是讓整個漢堡味覺昇華的生菜與佐料。

成全孩子的自主性，鼓勵參與團體的主動性

還記得幼兒時期什麼都想自己來的孩子嗎？當小肌肉發展出愈來愈精細靈活的動作能力，加上亟欲探索整個世界的雀躍，是不是很喜歡幫忙做事呢？但往往我們大人會怕危險、嫌慢、嫌麻煩、不想等一下還要收拾，所以乾脆順手幫孩子做一做，來得更快、更省事、更有效率。

其實那個時候，是孩子自願、自動、自主性萌芽的關鍵時刻呢！小小孩幫爸媽做了什麼事，換來爸媽大大的鼓勵笑臉，孩子一定懂得：「原來我這樣做，是對的，而且爸媽很高興。」這個經驗無形中正增強了「我可以」的信心，以及「我可以主動」的勇氣。

其實我個性偏急，常得捏著大腿刻意提醒自己：要耐著性子等，等孩子慢慢的、不熟練的，主動完成一件事，例如整理遊戲室、收拾玩具、出門自己穿鞋……

但這種等待的功夫，父母一定要修練。若當下幫孩子做了，以後就要繼續幫忙做；父母勞心勞力不說，更可惜的，也會慢慢剝奪掉孩子「會做」的能力，和「想做」的意願。

但孩子畢竟不是機器人，不會一直主動到底呀！有時新鮮感過了，當然也會想偷懶或當沒看到。遇到這種情況，我會輕輕提醒水果姊：「你上次主動收拾遊戲室／你上次幫媽

媽整理妹妹的衣服……。做得超棒的，讓家裡看起來好整齊／讓媽媽省了不少時間，今天要不要幫忙？」

這雖然不是孩子主動做事，但爸媽卻記得他曾自發性的為家人做過什麼，再次提起表揚一下。我希望孩子有這樣的自我感受：「我曾經主動做事，沒想到讓媽媽這麼印象深刻，我真的好棒。」

從家裡練習起，長大後進到團體生活，也就可以主動為所在的團體奉獻與服務。

水果姊四年級時，有一天回來說她擔任班長，我起先不以為意，只要可以在班上學習做事，以及有服務他人的機會，擔任什麼幹部都很好。

我隨意問她：「是老師讓你們選舉嗎？」

她說：「不是，都沒人想當，我自願的。」

我瞪大眼看她：「你自願的？真是不錯，通常愈往高年級就會愈害羞，在班級事務上會自願或肯主動的小朋友愈來愈少。」

接著捧起她的臉用力親一下：「媽媽覺得你很有勇氣，很棒！」

一個具備主動性的孩子，除了在團體中更受歡迎，也可能獲得更多機會。其實每位老師心中都有一把尺，除了用虛幻的「緣分」來述說跟孩子投緣與否，「主動性」更是實際判斷孩子討不討喜的指標之一。

這裡指的主動，不只是學習的主動。老師更欣賞的是，孩子對班級事務的主動與熱心，以及對於同儕互動的主動與友善。

一個對環境主動有感的人，自我察覺的能力也會比較好。而且孩子主動久了，個性上會比較積極，對學習、生活，和自己的夢想，較願意積極努力和爭取。

積極的生命態度，當然不是二十歲才從天上掉下來。而是自小在家庭中，由父母有意識的培養，陪伴孩子一路學習且內化成自我內在的素養。

但就跟大人一樣，孩子當然也會有懶散、低落、什麼也不想做的時候，水果姊也曾明白告訴我：「這兩天就讓我廢一下，我什麼都不想做。」那也沒關係呀，允許那個想休息、想偷懶的孩子，然後約她一起挖一桶冰淇淋，聊聊那些愉快和不愉快。陪伴與激勵，是此刻爸媽可以做的事。

呵護孩子的自覺，導回學習的內在動機

跟主動一體兩面的，是自覺。

有天晚上水果姊貼了一張紙條給我：「媽咪晚安！對不起我考太差了。愛你。」看到紙條我立刻去房間抱抱她：「媽媽看到紙條了，沒事，不用道歉，之後多細心一點。這紙條媽媽很意外，我也很愛你。」

水果姊就跟其他小孩一樣，也會粗心，也會有放空散漫的時候。那個晚上我有稍微唸一下考試的粗心錯誤，但並沒有很凶啊！確認她都會了，讓她好好訂正，我就去忙了。我看到紙條的瞬間嚇了一跳，但心想一定要趕快去抱抱她，想在她鼓起勇氣為考不好道歉（雖然我並沒有生氣，這是她的考試，能自我負責就好），以及表達對我的愛時，讓她知道自己被接住了。

重點是，孩子的「自覺」是份珍貴的反應，她願意對我展示，我想表示珍惜，並在這個基礎上延續她對學習的信心。

孩子的學習若有自我內在動機，他認為學習是好玩、可挑戰、能克服跟跨越、也能獲得成就感，就會比較願意嘗試努力，也更容易得到正向經驗。

賦予孩子對「學習是自己的事」的認知，是家庭內必備的價值。爸媽師長可以陪伴或提供策略與建議，但孩子終究要為自己的學習負起責任。我們需要不時告訴孩子：「自己的事自己做，重要的事優先做。」

家長難免會找尋教育資源或夥伴（如學校老師或安親班）提供協助，但養育孩子成為「為自己學習負責」的人，家長責無旁貸。

水果姊就是個孩子，考得不理想時也會逃避責任的說什麼地方老師沒教到、課本沒說清楚……，但我會跟她談：「在抱怨之前，真的都已經盡力表現了嗎？」

很多題目本來就不會照課本的句子一字不漏的出，課本沒寫但又考出來，這很正常，大型考試就是這樣啊！這種評量，是在測驗思考、統整、推論或歸納，嫌課本說不清楚或太過簡略，自己又想得不夠具體完整，有補充資料可讀，也有相對應的練習可做，這些都完成了嗎？

跟孩子說這些，並不是要打擊他的學習信心，而是讓孩子知道，在抱怨這個、那個以前，檢視一下自己已經做了什麼、夠細心了嗎？

如果想把一件事做好，應該要去想辦法，找尋手邊的資源強化自我能力。把自己能努力的部分做到最好，那就是負責任的表現。

孩子的成長中，會有很多次學習的「失利」，但那就是一個歷程。父母做為孩子此刻最重要的鼓勵者與建議者，是要幫助孩子，轉化不愉快的感受，使之產生正面意義。陪著孩子接納結果、分析問題、找出相對應的策略、增強信心等。

最重要的，要把「學習」導回孩子的內在動機，是他願意這麼做、也是他願意才會做得好。提供愛與安全感的環境，促使孩子燃起內在動機。

父母，可以扮演嚴格指導、嚴肅要求的角色，但當孩子有一丁點表現出為自己的表現不夠理想而有遺憾，或想更努力的意圖時，一定要記得即時肯定他這樣想，給他做得到的策略及清楚的指示（可以視狀況簡化），並協助他獲取成功的經驗。

我們的目標，是呵護孩子的主動和自覺，並協助他慢慢具備負責任的擔當；所以，不要吝惜讚美和擁抱，而且愈早開始愈好。

具備主動與自覺，再逐步養成承擔與責任感，孩子將能愈來愈勇敢為自己做決定，然後努力堅持，往目標前行。

7 孩子的系統思考與練習

我們必須讓孩子具備觀察情境、簡化複雜現象、聚焦問題，以及在合乎邏輯的運作下找尋解答等相關素養。而這些重要能力，日常生活中就可練習。

新課綱主要精神是「核心素養」，核心素養又分為「自主行動」、「溝通互動」、「社會參與」三大面向，分別揭示人從「自我發展」到「群我」的素養歷程。第一面向「自主行動」內的「系統思考與解決問題」，著重於人經過身心素質精進後，進步到如何思考問題，與逐漸形成解決問題的能力。

「解決問題」，很好懂。那什麼是「系統思考」？

談系統思考前，我們先了解一下新課綱在高中的社會與自然領域，新設立一堂「探究與實作」課程。

這是沒有固定課本和教法的必修課，但又重要到納入學測；此一變化，讓很多家長和學生都慌了手腳。深入了解「探究與實作」納入課綱的原由，其實是為了改變長久以來學生將吸收片段知識視為學習的情況。而能適應未來的人才，必須具備全局觀、提問、表達，及手動實作的能力，每一項都不可偏廢。

所以，我們必須讓孩子具備觀察情境、簡化複雜現象、聚焦問題，以及在合乎邏輯的運作下找尋解答等相關素養。這整個思維運作，就是「系統思考」。然而它並不是與生俱來的能力，而是需要被引導及長久練習。

這樣聽起來似乎有點複雜，小學生怎麼訓練系統思考呢？日常生活中，又如何讓孩子能「系統思考」呢？

建立秩序感，系統思考的第一步

我認為，幫孩子建立「秩序感」，會是比較容易的起步。秩序感對學習的穩定和邏輯概念的形成，很有幫助。

人天生都喜歡「秩序感」，秩序代表固定節奏，能預知後面的情況，帶來心緒上的安穩。

東西的定位（歸位）就是一種秩序，日常生活裡照表操課也是一種秩序，明確恆常的節奏感，更是一種令人心安的秩序。

以小學生而言，秩序感的建立，最基本的，就從「收拾書包裡的考卷／紙張」開始。按照某種規則排列整理，就算是小一新生也可以做得很好。當孩子檢視他的物件和書包時，也慢慢在練習「全局觀」。

考卷、學習單、測驗紙、通知單、數學附件……。小孩書包裡，永遠有很多「紙張」。沒有經過練習的孩子，各種紙張常以皺成一團的模樣出現，或要用時永遠得從書包「黑洞」裡挖半天。

首先要讓孩子動手做，把代表不同意義的紙張分堆、歸納、排序。這不只是收整齊，而是在過程中，讓他練習「全面清查、找出來、識別科目和屬性、分類、按序排放、收納到另一個地方」。

秩序感，就是這時候悄悄植入孩子的思考。

我曾給低年級孩子三個透明 L 夾，一個裝國語考卷／學習單、一個裝數學考卷／學習單，一個裝其他通知單。而且要注意，不是將紙張塞進去就好，孩子必須按照單元先後依序整齊排列。

或許有的爸媽會說，同一科放在一起不就好了，或是按照分數高低排列不可以嗎？

其實，「單元」就是最簡單的秩序，按照單元排出順序，每個孩子都可以做得很棒。

日常生活訓練孩子的全局觀

另外，「練習全面觀照」能看出一件事（任務）的梗概，使大腦建立事件／任務節點間的相互關係，更容易給自己定出目標，然後找到合適策略、解決問題。

每位下廚的媽媽都對「練習全面觀照」很有心得：準備什麼食材、備料的先後順序、哪個爐燒熱水煮湯、哪個鍋先爆香、電鍋蒸什麼、烤箱忙什麼……看似各自獨立，但在主廚心中，可是環環相扣，全體一起進行。

在有限的時間裡，找出最好的對策，然後穩健執行，腦袋想完這一些，也就等於走過一遍系統思考了。更厲害的是，手還不能停下動作呢！

大一點的孩子可以下廚，自己煮出完整一餐。而小一點的孩子，練習收玩具也是個不錯的方式。

有一次我請雙果姊妹收拾已經不玩的樂高，送給以前保母家的小妹妹。

她們一口答應，水果姊開始指揮調度可樂果妹：「都先清出來，檢查箱子裡的東西，不是樂高的配件挑出來。」還不忘對妹妹說出非常撫慰人心的一句話：「你先做一遍篩選，然後排成幾堆，別擔心啦，等一下姊姊會再檢查一遍。」

我轉身進房讓她們自由處理，但被窩太溫暖不小心睡著，醒來後 LINE 上多了幾張「完工照」和一則訊息：「我們搞定了，兩個箱子也用大袋子裝起來了。」

我細細一看，沒想到如此分門別類一目瞭然，大積木、人、動植物，以及房舍的各種配件，各自安放在不同的箱子，箱子上還貼了標籤寫得清清楚楚（人、動植物在這箱／房門、底板、屋頂、牆壁在這箱）。

第一時間的正增強絕對需要，所以我連忙找來水果姊抱抱親一個，明白的肯定她：

1 把妹妹帶領得很好，有具體的指示、陪伴，以及最後的確認。
2 將物品分類收存，是歸納能力的展現。
3 最細心的是還貼上標籤，讓使用者一看就明白。

我問水果姊，怎麼會想到分類完還要貼標籤？她說：「這樣比較清楚，不用打開也知道裡面是什麼，就像媽媽幫我們帶便當時也會在上面貼名字，才不會拿錯。」原來是模仿媽媽來的。

能系統化整理生活中大小事物，代表已有順序概念和後設認知，也能理性歸納或分類，甚至預期後續進行的步驟。而這些重要能力，日常生活中就可練習。家庭是潛移默化最好的場所，孩子都是看著父母在學習的。

8 好好說話的父母，教出把話說好的孩子

孩子總是透過親子間的言語、態度、評價與互動，來點滴建構自我認識與價值。所以，父母要學「換句話說」的藝術，成為孩子「好好說話」的榜樣。

「素養教育」當道，核心素養基本理念「自發、互動、共好」，很多人都能琅琅上口。當中的「互動」，最粗淺的定義就是逐漸成熟的自己可以跟人群和世界共好，進而產生合作。所以，協助孩子成為讓人覺得舒服並願意持續相處的人，是重要的家庭素養。

對孩子而言，父母扮演的是他學習「如何能夠好好說話」的角色。孩子也從與父母的互動中，逐步去拿捏人我互動的言語與距離。

孩子總是透過親子間的言語、態度、評價與互動，來點滴建構自我認識與價值。所以，父母要學「換句話說」的藝術，使用正向語言與孩子溝通，避免直接給孩子貼上「你就是

怎樣怎樣」的標籤。

就算是在責備犯錯的孩子時，也要留意我們要處理和改善的，是當下的不恰當「行為」，並非孩子的「個人價值」。

但正向語言不是要父母放棄教養原則，一味順從孩子的心意，而是要父母真心欣賞孩子，並在帶有父母權威的同時，謹慎說出每句話，包括愛的或責備的。

父母的正向語言練習

父母可以在日常生活中從三處下手。為了成為孩子「好好說話」的榜樣，爸媽得有一些小練習。

1 寫下取代責備的對照語

平日就先練習（準備）在同一個行為下，可以取代責備的話語文字，先想好或儲備好，免得事情一來就忘了可以跟孩子怎麼好好說話。這是一種先建立「資料庫」的概念，更豐富的詞彙所帶來的感受，讓孩子覺得我們更願意包容他，也會更願意順著語言脈絡找到之後更好的應對策略。

孩子個性上有哪些毛病，父母總是最清楚的。拿出一張紙對折，在同一個行為下，左邊寫出想責備的話，右邊寫出相對應的正向語言。

比如水果姊考試粗心，左邊寫下想罵的是：「你眼睛是看到哪裡去了？都教過幾百遍了！考試時為什麼不專心一點？」

右邊可以寫下：「這一次沒把題目看仔細，粗心的地方是哪裡，自己清楚嗎？是因為漏做了什麼防止粗心的方法嗎？對於下次怎麼改善有什麼想法或自我提醒呢？」

或者可樂果妹搞害羞耍彆扭時，看到大人不肯打招呼，左邊想唸孩子的是：「看到人都不肯叫，怎麼這麼沒禮貌？你都多大了，要表現大方一點！」

右邊可以寫下：「是不是還沒有準備好呢？需要媽媽牽著手一起打招呼嗎？還是需要多一點時間準備呢？沒關係，媽媽等你，慢慢來。」

2 即時正向表揚

大人細心敏銳的觀察到孩子的好行為，然後要不吝即時正增強，讓孩子在正確的行為或選擇後，能很快得到父母正向回饋，就算只是很小的事也一樣。

有一次我們全家外出，路邊停好車後，大人還在手忙腳亂整理包包和外套，這時水果姊主動牽起妹妹的手，並把她往後拉一點，遠離呼嘯而過的機車。

過了馬路後，我跟水果姊說：「很謝謝你剛剛主動照顧妹妹，媽媽有看到，你不但牽住了她，還將她往後拉保護了她，你都有注意到細節，媽媽覺得你是個很棒的姊姊。」

水果姊微微驚訝，顯然她沒發現媽媽有注意到她，她做這些也不是為了得到肯定。但從她的微笑中，我知道她很開心自己做一個好姊姊的行為被媽媽肯定。

3 不是浮誇的讚美，而是實際的行為肯定

正向語言不要只是純粹的形容詞（如你好棒啊！你好聰明啊！），而是要具體描述出是因為什麼事，而讓爸媽發自內心表示讚賞。而那些實際做過的正確行為，在不久的未來，孩子還會再做，因為他知道，這是正確的事。這就是讚美的效力。

我常跟姊姊說：「你因為某某具體事件，媽媽覺得你考慮得很周到，也幫媽媽的忙照顧了妹妹，所以很謝謝你。」

我也常跟妹妹說：「媽媽看到你在某某具體事件上，先讓姊姊選，這是很了不起的行為，也看到你很愛姊姊的樣子，媽媽很感動。」

孩子跟大人一樣，更喜歡自己的好被看到、被理解，遠勝於浮誇但不入心的讚美。重點不是爸媽說的讚美詞彙，而是孩子感受到從自身的表現中，自己被珍視、被看重。

練習好好說話

父母與師長的語言，對於孩子自信的建立，具有絕對重要的影響。親子的互動中，並不需要「愈挫愈勇」的迷思，而是要相信接納與認同的力量，孩子從父母師長處感受到愛與安全，行為自然就能被引導和修正。

只是這裡的「愛與安全」，須以正確的話語／方式呈現：溫和、堅持、正向與規範，而非不忍孩子失望的溺愛、放縱與不捨管教。

父母好好說話後，就可以陪著孩子練習，提醒重點跟細節處，讓孩子把話說好。

可樂果妹某天晚上忽然憑空對爸爸冒出一句：「冷氣開了沒？」沒有前言後語，就這突兀的五個字。

我猶豫了一下，還是請她過來。

「刷牙了沒？」

「準備好書包了沒？」

「明天要穿的衣服拿到燙衣板上了沒？」

你聽起來會不會覺得媽媽在催你做事？

「會呀！」可樂果妹點點頭。

「我們跟人相處，要學習有禮貌的說話，這樣人家會更喜歡跟我們相處。所以這樣要說：『爸爸，請問開冷氣了嗎？』聽起來感覺比較好。」

「……了沒？」盡量少用，「請問……了嗎？」這種句型聽起來比較舒服。

那時才五歲的她似懂非懂的點點頭。

「請再去好好說一次：『爸爸，請問開冷氣了嗎？』如果爸爸說開了，你要說謝謝爸爸。如果爸爸說還沒，你可以問爸爸是否能幫忙開冷氣。」

談完之後，讓孩子再試一次，但給她一點指引。

讓人聽起來舒服的說話，對孩子的人際關係真的很重要。很多令人聽起來哪裡怪怪的話語，不見得有惡意或存心，但時日一久，身邊的人會紛紛走避。

說話是藝術，爸媽也該提醒自己這是一生學不完的功課，永遠都要練習避免在每個當下脫口而出的話，夾帶太強的情緒或張力。引導孩子有好的說話習慣，以避免成為雖未意圖冒犯，但出口之言就是讓人感覺不好的人。

我們總期待孩子談吐舉止合宜，未來也能口吐芬芳讓人舒服。所以就從家裡做起，父母先對孩子使用正向語言吧！

9 給與不給，新世代的載具學習

當孩子的真實生活裡，有其他更美好、更能陪伴、更喜悅滿足的選擇時，就是可以給載具的時候了。重點不是載具，而是家庭怎麼「看待及定位」載具的角色。

二〇二一年因防疫導致大規模「停課不停學」後，線上學習已是孩子學習的新型態；這是全球皆然、回不去的趨勢。過去，父母給不給手機（平板），還存在很多擔憂與討論；但未來更重要的議題則是，給之前該做什麼、什麼時間點給、給了後怎麼規範。

載具（手機與平板的通稱）絕對不是洪水猛獸，它是高科技工具，如同網路一樣，可以帶我們的孩子前往更開闊的未來。然而怎麼引導孩子善用，配合學校開啟孩子的學習與世界之窗，就是父母的挑戰了。

家長會問，線上學習還可用電腦度過。若孩子吵著要有自己專屬的載具，幾歲可以給？

如果先不論視力與健康問題，我認為幾歲給都可以。重點不是載具，而是家庭怎麼「看待及定位」載具的角色。

給載具前，先確定孩子有更喜歡的事

可樂果妹六歲時收到一個禮物，爸爸藏了兩週之後，送她一支有四顆鏡頭的手機。我有點意外，但也沒有阻攔。因為在這支手機之前，她有一部老舊平板，我知道她都拿來做以下幾件事：

1 拍照

這點應該是模仿愛攝影的媽媽，可樂果妹喜歡拿平板拍照，雖然手震居多，拍出來的不是裁切到主題就是構圖歪斜，但這是她的小小樂趣，也是她記錄所見的方式。

2 看短片

可樂果妹很喜歡手做，所以我會和她分享不錯的美勞教學影片，或者她會看著影片自己畫畫、做美勞。

在外出旅行的閒暇時，她和姊姊會一起觀賞美勞或搞笑影片。我會特別注意，避免她們看到不該看的，也教她們如何下關鍵字，篩選合適的影片。每次看影片的時間大概五至十分鐘，約兩、三支影片。

3 簡單自學

老舊平板也常拿來看注音的教學App，假日時，可樂果妹會看著筆順動畫，自己拿白紙練習。累了就關掉，然後找別的事做。

利用載具玩遊戲也是有的，但就只有一個可愛畫風的跑酷遊戲。姊妹倆很清楚，家裡的觀念就是：手機、平板是工具，不是遊戲機，不該裝過多遊戲。

但或許比起在意孩子拿載具做什麼，更該關心的是載具之外，孩子的真實小小世界裡，還有沒有更有趣的事？

之所以可以放心給孩子載具，主要是因為她們有更喜歡的事；手機、平板就是工具，可以用來學習，可以視為生活小幫手，而娛樂是附加功能。

對水果姊來說，更有趣的事是閱讀世界裡的奔馳。有次我帶她出國鐵道旅行，在火車上的時間很多，我慫恿她打個電動吧！結果她玩手機十分鐘後，央求我把書還她，她說遊戲很膩，看書比較有趣。

而對可樂果妹而言，最心愛的是畫畫和做美勞。手機是拿來拍精心完成的作品，以及傳照片到群組給家人看。

我一直很推崇「心流」這個觀念，那是一種高度專注狀態，人在從事喜歡的事時，便能進入心流，獲得極大的滿足與喜悅。沉迷於載具遊戲的孩子，也是因為那讓他進入專注狀態，他在遊戲裡完成任務、結交朋友、取得寶物，或打倒敵人，這讓孩子以為是種成就感，所以著迷不已。

所以幾歲給手機不重要，重要的是，在手機之前，孩子已經找到讓他可以進入心流的事物嗎？在他小小的世界裡，還有其他更有吸引力的事物嗎？父母的身影很重要，孩子眼裡的父母，有其他事物，比載具的使用更能帶來快樂與滿足嗎？如果有，那就是一種無形的示範，孩子自然不會把載具看得太重。

當孩子的真實生活裡，有其他更美好、更能陪伴、更喜悅滿足的選擇時，就是可以給載具的時候了。

給了手機，父母的挑戰才開始

那麼給了手機之後呢？給了之後，才是親子功課的開始。孩子拿到手機後，是否還能保持對「線下」世界的關注與好奇，是父母的一大考驗。在孩子擁有手機後，若同步獲得父母的完全授權，由孩子隨意決定使用頻率、時間、接觸的 App 或影片、任意的網路互動等，就算之前培養了其他興趣與愛好，也可能短期間內兵敗如山倒。

這就是手機的威力，它以一種在生活中隨處可取得的狀態，非常自然的存在於孩子的日常中；若加上同儕推波助瀾，孩子的注意力很快就抓不回來。

為了提防雙果姊妹出現這種「症頭」，我先確認線下世界對她們豐富且有趣，才給出手機，給了之後也不可忽略真實世界裡本來吸引她們的趣事，一樣時時刻刻留意閱讀與畫畫的高比重。

我同時再三強調「手機是工具」這個大原則，並同步控管她們使用的時間和頻率，我常常跟孩子說，手機就是一部好用的小電腦，要使用小電腦為我們做事，而不是被小電腦控制時間和心思。

給孩子手機，是父母遲早要面對的功課。但給了之後的規範引導，才是長治久安之計。當然這其中包含很多心思，如跟孩子懇談、時常討論，以及父母自身的示範。但父母的用心，一定會是孩子善用手機、同時不被手機綁架的關鍵。

手機是很好用的工具，遊戲只是娛樂的一小部分

我們再來談談如何落實「手機是工具」這個觀念。

其他工具買回家裡，是以什麼樣的角色存在，那手機應該也是這樣。

使用這項工具前，家長可依照自己的愛好和專長，賦予孩子相關任務。以我來說，是拍照和寫作。拍照，同時也是生活、作品及出遊紀錄，同時我希望孩子早點習慣使用有邏輯的文字，留下生活見聞與感動。

當時六歲的可樂果妹獲得手機，我問她要拿手機做什麼？姊姊都是拿手機記錄旅遊或閱讀心得，然後傳給媽媽在臉書上發文喔！妹妹回答，她想用手機拍照。

那好吧！所以當晚家庭聚餐時，拍得很好看的一家人照片中沒有妹妹，因為她是掌鏡者。過後不久，她挨著我說想寫那個下午的海邊之旅，由她逐字口述，媽媽「勉為其難」

同意幫忙打字。

這當然是我的小策略：「具備拍照＋寫作能力，才等於擁有手機使用資格」。但其實對家長而言，孩子拍或寫得好不好是其次，而是希望他們對手機的起始印象是工具，能以不同的形式記錄生活，以及習慣文字的思考、書寫與使用。

姊妹倆使用手機最常做的事，大概就是查天氣、設鬧鐘、找資料、看導航和拍照寫作。現在姊姊大了，喜歡戴上無線耳機聽 YouTube 的音樂，閒暇時我也隨她去，畢竟這個年紀想裝大人很好理解啊！

遊戲偶爾還是會玩的。我不讓孩子感覺「媽媽討厭遊戲」，而是希望她們體認「這就是小電腦，是很好用的工具，可以幫我們做很多事，包括提供閒暇時的娛樂，而玩遊戲只是其中一項」。

載具給了，才是親子「鬥智」的開始。不需要妖魔化手機，它已經是孩子成長及學習中不可或缺的重要角色。日常生活中父母用心教育及引導孩子善用手機，發揮它的高效能，增添生活的色彩與趣味，為生活留下更多可供回憶的媒材，才能讓載具為我們創造更多有意義的快樂。

10 危機，擁抱意想不到的收穫

沒人喜歡在平順的日子裡騰出額外的精神去應戰危機，但也唯有危機，才能帶來破壞式的創新，以及創新後的收穫和新機會。

世紀病毒帶來全人類最大的危機，國境之間交流驟減，關閉成了常態。這不只是大人們記憶裡罕見的一場巨變，更是孩子人生的第一次。我們一起在這過程經歷感受了什麼狀況，而又學習了什麼事呢？

回想二〇二一年五月的匆匆停課，全國學生無法返回校園，實體課程隨即停止，即刻進入線上學習。不說那段時間教育現場如何動盪、各個大型教育活動都停擺，包括孩子期盼許久的畢業旅行、畢業典禮、縣市國語文競賽等，甚至停課那週還有一場攸關全國國中畢業生的教育會考。

對親師生而言的壞消息，都在那幾天內一起迸出，就好像沸騰的水滾個不停，壓力鍋快要炸開。

密集而來的措手不及讓人極度焦慮，這是面對生活強烈反差產生的不安全感。但回歸理性思考後，我們知道再怎麼低落的壞心情，也無助於改變真實世界運轉的節奏。我們只能學著在不得不面對的巨變中，怎麼跟孩子一起找到意義和轉機。

只有看待局勢正面的意義，才會滿溢動能和與之奮戰的活力。

其實更重要的是，要讓孩子看看，父母怎麼面對與迎接其實不喜歡、但不得不接受的事物，以及父母如何在意外與艱困之中，讓自己有所收穫。

「危機就是轉機」，利用變化導入日常生活中難以納進的部分，迎接更多意想不到的可能。父母讓孩子看到什麼，他們心裡就種下什麼。若父母每天抱怨世道不善，孩子也很難樂觀面對世界。父母如能在無奈的疫情中找到日子裡的快樂和價值，孩子就比較容易調整自己、整頓身心、轉化心態，並找到意義。這才是對孩子來說，最重要的獲得與成長。

讓經歷過的危機有所意義，並從中獲取能量

回頭去看這場危機，我們與孩子共同收穫了什麼？

而在此同時，面對疫情的不確定，如果「新危機」再一次出現，我們和孩子是否擁有餘裕面對新一輪突如其來的衝擊？

只有當過去的經歷被我們賦予意義，並從中檢視出收穫，才得以產生新的能量，去面對下一次的變化。

1 盡力做該做的事，放下無謂的焦慮

自我防疫作為切勿因為已長時間進行而掉以輕心。良好的衛生習慣不偏廢，睡飽、吃好，以及多晒太陽，保持好的抵抗力。

學校會有相關的防疫作為，即使煩雜瑣碎，我們也要和孩子一起耐心、用心的全數完成該做的事。

面對防疫破口或病毒變種，不需無謂焦慮，每天安心做好該做的事。

那段停課期間，我告訴水果姊，沒人知道什麼時候可以返回校園。但保持健康，做好老師交代的學習，把這段時間當作意外的禮物，多做自己喜歡的事，這樣就夠了。不需要因為見不到同學而心情不好，因為彼此都能健康的待在家裡，還有老師在線上陪伴，已經比很多地區的孩子都幸福了。

2 更為自己負起責任

學習型態的改變，包括師生互動、體驗學習、作業呈現、評量進行等，都有著與過往不一樣的風景。疫情危機並不是停止學習腳步，線上、線下的新學習型態還是持續進行著。最重要的學習態度，不受環境影響，那是做為學生該盡力保持的事。再說，轉為更高比例的線上教學後，學習模式有了更多可能性，或許會讓我們有不一樣的嘗試和成就呢！

也可以利用機會多和孩子聊聊：「防疫視同作戰，我們每個人都是戰場上的一份子，要如何全身而退，你可以為自己做到什麼？我們可以一起為我們家做到什麼？」

透過持續對話，爸媽也分享自己以何種心態面對工作的調整（或衝擊），讓孩子不管是在學習、防疫還是自我照護上，都產生自覺與任務感。

那段時間水果姊陪我上班，常看到媽媽進行許多線上會議，也要花更多時間，在無法見面的情況下，進行業務討論或溝通。疫情一定會帶來很多不便，但爸媽努力不讓線上、線下的差距影響工作品質，孩子都看在眼裡。

3 提升情緒轉換的能力

病毒帶來的種種不確定，常會使人陷入莫名煩躁焦慮。透過運動、閱讀、靜態活動及溫暖對談等調節低落情緒，是很好的練習，此刻也是父母可以示範給孩子看的時機。畢竟，情緒的轉換及保持穩定，這可是跟著孩子成長甚或終老的素養。即使疫情過去，仍是他一生受用的能力。

看不到終點的防疫，出入不方便，連在外用餐都有許多限制。我跟兩姊妹說，不能出去玩，我們就在家裡，可以做以前沒做的有趣的事。所以姊妹倆花很多時間做美勞，姊姊也帶著妹妹做了許多家事，她們也會一起做點輕食料理。嘗試做些什麼新鮮事，以好情緒替代看不到疫情終點的負面感受。

4 保持彈性、更開放的應變能力

習以為常的生活節奏被迫改變，難免讓人不安。此刻，保持彈性、不拘泥固有思維，用更開放的心胸去適應新的政策和規定，會使我們和孩子都更自在些。

比如，以前的評量方式以紙筆測驗居多，對小學生來說，讀熟、記熟大概就能拿高分。但現在轉為線上評測後，形式更多元，錄音、錄影都可能成為指定方式，再也不是只要「有讀書」就可以搞定，而是需要花更多心思去設計表達、演繹或呈現方式，當中還要學習許多新技巧。

保持彈性及開放的心胸，將一切視為新的嘗試，會感覺生活添加許多樂趣，也有更高昂的熱情，讓新挑戰幫助自己成長。

那段時間，水果姊的英語作業是對著鏡頭演講「介紹我的家人」，她不僅要寫英文稿、背熟，還要拜託妹妹陪她入鏡，請媽媽協助錄下來再由她上線繳交。光是她搭著妹妹肩膀，說唱俱佳的「介紹我的妹妹」，而妹妹笑呵呵的扭來扭去，就已經是一件特別難忘的功課了。若不是因為防疫在家，也不會有這個有意義的練習。

5 更多的閱讀、更多的陶冶

旅行是疫情下最大的犧牲，就算是島內旅行，也要非常小心翼翼。但若窩在家裡被3C綁架，就更得不償失。

危機，不是讓我們退步閉索的原因。所以，關掉追劇的載具，放下一直黏著的手機。回到更早之前的純樸，和孩子各自拿起書本，既靜心、也互為陪伴的閱讀吧！愛書的家庭，才會有愛書的孩子；願意讀的父母，才會有跟著讀的孩子。在這個訊息紛亂且淺碟化的時代，能慢下來好好讀一本書，是疫情危機所帶來的意外收穫之一。

那段時間水果姊的閱讀更深化，題材也漸漸從喜愛的文學、故事，擴展到科普、知識性讀物，而在閱讀過後，她跟媽媽討論或書寫心得，也更有條理了。

6 視為上天的禮物，留更多時間給家人

這段時間各種行動都轉趨保守，那就待在家裡，親子一起料理、打掃、下棋、桌遊、畫畫、做美勞，或更多抱抱與談話吧！

活絡正常的生活，難免會有很多應酬、往來與互動。嚴峻的防疫時光，這些都少了。換來的時間，就留給家人吧！打電話關懷老家的父母、讓孩子跟爺爺奶奶聊天或視訊，為親情保溫，我們也多和孩子一起做些什麼，累積更多愛的存款。

沒人喜歡在平順的日子裡騰出額外的精神去應戰危機，但也唯有危機，才能帶來破壞式的創新，以及創新後的收穫和新機會。這段被迫慢下來的時間，可視為上天給予的空檔和喘息，從裡面淘洗出原本不被重視的珍珠寶石，重新檢視它的美麗。這意想不到的收穫，是我們要帶著孩子一起去領略及擁抱的。

第二章

素養，互動時塑造

家人相愛與互動素養

1 孩子如何愛人？從愛爸媽與這個家開始

靠著父母一點一滴鋪陳，從手足之愛、親子之愛建立起；也讓孩子看到父母相愛、家人相愛，這是最溫暖的起點。

已持續兩年的嚴峻疫情，對全球都不容易。但所帶來的新學習需求，以教育者眼光來看，就是一個亟需素養的時刻。

疫情加速遠距互動，催化線上學習與線上合作的進程。以後，跟我們的孩子同在一個專案裡的「同事」，與他在光纖上對話交流，但可能有全然不同的膚色和母語。孩子進入職場時，雇主評估的已不是他在所在區域取得的成績，而是他在線上自學什麼、做過什麼。

但在一邊為未來生活做準備的同時，固守人類本有的優勢，不可偏廢。

在家裡，學習人類最可貴的愛

人跟ＡＩ最大的差別，在於擁有關懷與同理心，這是最可貴的價值，也就是接受被愛，與付出愛人的能力。在生命初始，靠著父母一點一滴鋪陳，從手足之愛、親子之愛建立起；也讓孩子看到父母相愛、家人相愛，這是最溫暖的起點。

鼓勵孩子表現出愛父母、愛手足的樣子，同時也在愛與安全裡，學習怎麼去愛人與付出。這些能力不是天生就會，合適的表達方式也有很多要學。但孩子若展現出愛的初心，父母別忘了肯定他的柔軟、善良，這是ＡＩ所沒有的最珍貴一面。

水果姊是自律的孩子，本來對妹妹頗嚴厲，直到四年級後才漸趨放鬆。我摟著水果姊說：「你現在對妹妹好好喔，看你們常常又親又抱的，你也很溫柔的教妹妹很多事，帶她一起做很多家事，媽媽很高興。」

水果姊回應：「媽咪不覺得妹妹超級可愛嗎？」

我說：「我知道妹妹很可愛啊，而且，你沒發現她從小就非常愛你嗎？媽媽覺得，這可能是因為你是個無敵棒、讓她很崇拜的姊姊吧！」

我也時常告訴可樂果妹：「你好幸福喔！有個疼你、愛你，又耐心教你很多事的姊姊，媽媽好羨慕你喔！」

兄弟姊妹間要能互相信任、依賴、陪伴，很多時候需要父母「加油添醋」。父母永遠不要在孩子面前拿他們相互比較，但卻要時時提醒，他的手足有多麼欣賞他、愛他。

而父母間相愛與溫馨相處，更是孩子安全感的重要來源，除了有助於大腦發展，更是學習愛的起步。

人跟ＡＩ最不一樣的地方，是有愛的意識和行動。在人類特有的情感上，因為愛發展了利他、群體、團隊的概念，再串起關懷、協調、合作等行動。愛的啟蒙、學習到實踐，都在家庭。孩子感受、呈現、表達愛的對象，自然也就是家人了。

除了想方設法讓姊妹倆相愛，我也從不吝惜對孩子表達濃濃愛意，最簡單的方式就是摟在懷裡不停說：「媽媽愛你。」也極度享受孩子為我、為爸爸，用她們有限的能力但滿滿的心意，為這個家付出：做家事是種模式、主動關心是種模式、表達愛也是一種模式。

一個普通的杯子，是對媽媽最深的愛

我還記得一個自己被孩子深深愛著、事後回想仍感動不已的故事。

我最愛的杯子是靠蒐集賣場購物點數再加價一百九十九元換來的，但並非因為外形特別好看我才喜愛，而是因為那是當時只有九歲、五歲的姊妹倆，一人花一百元，悄悄進行、瞞著爸爸媽媽，找保母阿嬤幫忙帶著去賣場親手換來的，原本是做為慰勞媽媽辛苦準備校長遴選及順利選上校長的禮物。

遴選前，不時聽到姊妹倆窸窸窣窣，不知道在謀劃什麼，我不以為意，因為姊妹倆老在玩「老師學生」或「女王公主」的扮演遊戲。

不料遴選失利，去接她們時，水果姊問我：「媽咪你有選上嗎？」看到我搖頭苦笑，先是倒抽一口氣大吃一驚（這麼肯定我！），然後雙手遞上一個盒子。

「這本來是要祝賀媽媽的禮物，現在送給你當安慰的禮物。這是我跟妹妹一起集點，然後一人出一百元去全聯換的杯子。」水果姊眼睛閃亮亮真誠的說著。

十分鐘前因為落選的眼淚，再度迸發。

可樂果妹在旁補充：「老闆找我一塊錢，我只有出九十九塊！」這又讓我笑了。

我又哭又笑的當下，卻感到十分的窩心與幸福，老天爺對我這麼好，女兒的愛就是最好的禮物。

她們送我杯子那幾天內，三不五時就問一下：「媽咪，你有很喜歡那個杯子嗎？」我總是要十足誇張的回答：「何止喜歡，超級無敵愛的好嗎？這是我人生最棒的杯子了！」姊妹倆就會綻放心滿意足的笑臉。

享受孩子的愛，但要記得回饋感謝

孩子的示愛很單純也很直接，就是要讓你知道，你是他世界裡最重要的存在；你在意的事，他們也會因為你而在意；他們想要看到自己對你的愛，被你深深接納著。所以，當孩子示愛的時候，一定要記得給予最人的回饋。親子間愛的交流，真的是天底下最溫馨的事情了。學會付出，學著怎麼愛人，是家庭裡要教給孩子的事。

我告訴孩子，要對家人好、要多為家人想一想、要多體諒家人。也告訴孩子，要感恩家人為你做的事、感謝家人為你著想，然後不要太計較，多體諒。

可樂果妹極愛撒嬌，她常窩在我懷裡撥著我額前的頭髮，或畫著我的眉毛，說：「媽媽我好愛你，我等等幫你按摩好嗎？」我的反應永遠是啄啄啄親遍她的小臉：「媽咪也好愛你，而且謝謝你都會想要替媽媽按摩，你怎麼知道我會腰痠？我好需要你的按摩。」

水果姊比較拘謹，睡前才討抱。但她跟爸爸去購物回來後會說：「媽咪，我買了你愛吃的某某東西，剛剛在賣場找了好久。」她也會在爸爸出差時，輕聲跟妹妹說：「媽媽在休息，我們不要吵她，姊姊弄什麼東西給你吃／姊姊帶你去洗澡／姊姊陪你看書。」

媽媽享受著她們的貼心，但沒有一次忘記感謝。我會在事後很慎重的告訴孩子：你做了什麼事，讓媽媽有什麼感覺／給媽媽什麼幫助，媽媽非常感謝你（外加親一個）。

對孩子而言，真心的付出，被看見、被記得、被珍惜、被感謝，是家庭生活裡很美的時刻。孩子也藉此學習，當別人為他付出時，他該怎麼看見、記得、珍惜及表達感謝。

2 父母的等待，是最好的愛

孩子，需要給他成熟的時間，在這段時間內，投入等待的愛。父母的等待，既是功課，也是親子互動中，最深的愛。

我們教育圈的人會說，導師的作風，決定一個班的風格。在家裡也一樣，父母的性格，決定了親子互動模式。

過去擔任嚴明導師的我，講求規矩與效率。後來有了孩子，職場上的快速，成了對孩子的急切要求。

慢慢的，後來變成大女兒水果姊對可樂果妹說的話：「你不知道我們媽媽什麼都有，就是沒耐心嗎？」

我第一次聽到這段話時，哭笑不得，但完全不能否認。

挑剔的媽媽，緊繃的孩子

在兩個孩子的養育上，我看到了自己的不足。

我本是一個重視規矩與效果，把教養當工作「執行」的媽媽。「效率」和「立竿見影」，是基本標準。但是，好多朋友善意提醒，別給孩子這麼多框架。

可樂果妹和姊姊的本分守規完全不一樣，她飛揚、奔放、貼心，但卻壓根不理會媽媽的預設。她會默默用一種可愛的模樣，卸除媽媽的急躁；這種自在，完全迥異姊姊的拘謹，常讓我沒轍。

水果姊幼兒期間，我用心為她安排學習，但也不時檢核「進度」，像是嚴格的導師，力求娛樂與學習都分毫不差。但這卻容易造成親子衝突，因為急躁的背後，就是短缺的耐心，有時不敢直視自己其實是個非常挑剔的媽媽。

生了可樂果妹後，我的工作加重，每天回家都累到不想說話，加上妹妹沒姊姊這麼「配合」，媽媽也懶得堅持（或周旋？），隨她去吧，反而看她好可愛，她也好愛媽媽，每天都討抱、討親親。

現在回頭看，是親子關係重要，還是五歲背完九九乘法、七歲開始短文寫作重要？是孩子發自內心愛你重要，還是照你進度啃完知識但可能對學習失去胃口重要？

後來的自我覺察，再加上妹妹的對照，漸漸放下對姊姊的急促。我深刻的被光陰教育了，因為家庭裡真正有價值的是：讓孩子能愛自己、能愛他人、對學習有興趣，也保持看待世界的好奇心。

現在每天睡前，水果姊都會過來跟我抱抱，外加嘴對嘴親一個，我感到很窩心。回頭審視這幾年，發現人生沒什麼事比親子彼此相愛、珍惜，來得更重要。

當我放下急促和躁進，發現孩子的緊繃也放鬆了。

以前受我影響而力求完美表現的姊姊，也常對妹妹不耐。但當她逐漸緩和時，我問她怎麼變開朗了？她回答我：「喔，那個愛生氣的玻璃心年代已經過去了。」換來我一陣哈哈大笑和說不出的欣慰。

「妹妹議題」，重新檢視親子關係

妹妹出生時，姊姊三歲半，對那個躺在床上一直睡覺、但醒來就是哭或是喝奶的小生物很好奇。妹妹開始會走路，姊姊四歲半，開始忍受妹妹沒理由、也不禮貌的（這是姊姊觀點）隨便動她東西。

妹妹進入兩、三歲「貓狗嫌」的階段，姊姊對妹妹有很多抱怨，難以理解為什麼一套套收整好的玩具，經過妹妹的手就是會壞掉？難以理解為什麼妹妹總要拿她的東西？難以理解為什麼爸媽總要她忽視妹妹的小錯誤？

那時，水果姊進入一段很容易爆炸的風暴期。

我總跟她說：「不要把妹妹當同學啊！把妹妹當同學，就會覺得很多事需要公平，但公平是要按照年紀與相對應的能力來看的。」

姊姊當然聽不進去，她以對自身的要求和標準，去看待小她三歲半、能力遠遠不及她的妹妹。所以，她成了另一個嚴厲的媽媽，碰到「妹妹議題」，也容易過不去，生氣更是家常便飯。

偏偏那時候的媽媽更為急切且沒耐心、更想掌握孩子在既定的軌道裡。

所以，親子衝突常一觸即發。姊姊很容易生氣和哭泣，媽媽則很容易暴走。

我認為她應該要更有雅量、更寬容的看待妹妹，她卻哭著跟我說：「媽媽為什麼就是要對我這麼嚴格？」

當頭棒喝。

父母能先等待與改變，孩子就會不一樣

我們總以為對每個孩子都是一樣的愛，頂多因其個性不同給予不同的對待；但在被期待的那一方，常常只感受到要求。

在這同時，可樂果妹慢慢長大了，崇拜姊姊但也會跟姊姊對嗆：「不要這麼凶的講話！」（我第一次聽到時，在隔壁房間捧腹大笑。）

「給她們自己去相處，她們有她們的互動，你放輕鬆一點。」雙果爸爸這樣說著。

漸漸的，我轉頭不去聽她們的爭論，也忍著不去解讀姊姊嚴厲的言詞。我發現，水果姊很像媽媽，連責備的口氣與用詞都一模一樣，這是因為媽媽對她嚴格要求，給她設了太高的標準。

意識到這些，我嚇了一跳，這是很大的警訊。媽媽的愛，是「引導」她能愛，而非「規範」她要愛。

我想，或許該給水果姊一點時間；更深的自省是，應該放下自己的著急，她本來就不需要、也不應該當個完美的模範姊姊。

所以，我不再和她談「姊姊之道」了，也不再檢討她哪裡還不夠好。

我開始跟她聊她在看的書，和她討論我的寫作，和她分享我的工作，甚至，和她一起勾勒「我們的」夢想。

等待吧，這是為人父母的修練。

雖然偶爾還是會聽到她「管教」妹妹言詞犀利，但我逼自己裝聾作啞，轉身離開。不到半年，我發現姊姊變了，不再老是氣呼呼了，對待妹妹也更寬容。我觀察到，她會順手幫妹妹一些小忙，對妹妹更愛護，我知道她不一樣了。

劍拔弩張的緊繃，不管是母女間，還是姊妹間，都過去了。

後來我開玩笑問姊姊：「你怎麼了？有吃錯什麼藥嗎？」

她笑一笑：「沒有啊，就覺得好像不用生氣了。」

我緊緊摟著她說：「我也太幸運了吧，老天爺怎麼給我這麼棒的女兒！」依偎在媽媽懷裡的她，笑得更開心了。

與其說是孩子的成長，更貼切的說是給媽媽的一課。孩子，需要給他成熟的時間，在這段時間內，投入等待的愛。當面對這個孩子時，就專注單一的享受與他之間的話題與互動，專注的看著屬於他獨一無二的那一面。

父母的等待，既是功課，也是親子互動中，最深的愛。

3 孩子的學習胃口，哪裡來？

孩子的「願意想」、「願意試」、「錯了也不怕」，對學習而言，是無比珍貴的特質，值得大人用心鼓勵和呵護。

剛上小學的可樂果妹，新鮮感加上好奇，延續著幼兒園以來的快樂上學，每天展現出來的，都是對學習的渴望或對練習的期盼。

她不時拿著課外讀物與課本，過來問媽媽內容寫什麼？拿著數學課本想要提早學，或拿著測驗卷，嚷著說她想寫、她想考。

這讓我回想起本來也是滿滿學習好胃口的水果姊，從滿懷雀躍的讀著各科課本，超級喜歡寫試卷練習，更愛請媽媽出難題來挑戰，是如何從一開始熱中學習，掉到對學習幾近無感，之後再回升的學習歷程。

孩子沒有學習胃口的原因

上小學前的水果姊跟每個孩子一樣，也對「遊戲化學習」充滿興趣。加上家裡刻意管制3C，整個世界就是很多繪本、桌遊、數學教具，和花很多時間陪伴天南地北亂聊的爸媽，她對接觸新知充滿熱情，迫不及待想探索世界。

上了小學後，標準化的課程與進度，加上反覆的精熟練習（其實就是傳統的填鴨），我曾經以為，孩子的學習胃口被制式教育破壞殆盡。有段時間我感嘆著，原來進入體制教育，學習熱情竟然瓦解得這麼快！

以前的水果姊，喜歡挑戰各式各樣的題目，也喜歡出題目考媽媽。中年級以後，會用疲憊的口氣跟我說：「練習／考卷多得要命，誰喜歡？」難道這就是臺灣孩子的成長宿命嗎？把全部精力拿去應付學校作業，已經筋疲力盡。

但後來發現情況好像不是我誤解的那樣。

1 第一個發現

初學英文的時候，水果姊並不太喜歡，她最大的困難是不敢開口說，媽媽雖然很著急但也不知道可以怎麼幫她，因為我的發音也不漂亮。後來某天我在看初級英語的教學影片，她很好奇湊過來，問我影片在演什麼？我跟她說，這兩個人在討論剉冰和冰淇淋。

可能是這個話題很貼近生活（加上母女都很愛剉冰），她興致勃勃的跟我一起倒轉，再一遍遍重放，一句句的了解意思後，再嘗試唸出來。當然很多單字她不認識，但她竟也可以跟我討論「..., too」（……也）跟「...too...」（太……）的差異。

原來，生活化的主題讓她願意接觸本來心生畏懼的英文。更重要的是有勇氣去開口說、實際應用。

2 第二個發現

水果姊中年級之後，我盡量找時間帶著她讀各類型的中文閱讀短文，尤其是偏說明文的文章。說明文是未來考試的趨勢，題材很廣，從保育、文史、環境、生態、國際趣聞……，都是我想讓她涉獵的。更希望在增加見聞之外，慢慢增長閱讀理解的能力。

帶水果姊讀文章的同時，除了講解超越她理解程度的字詞，我也盡力在文本脈絡的進行下，讓她能吸收每一段落的核心意涵，接著引導她練習圈下或劃記文意重點，最後，還要從底下的測驗題目裡，再回溯到文章中去確認線索……。這些小方法，都是透過聊天互動中問答與對談。

我感覺，過去那個對學習投入高度專注力，也滿懷好奇與學習力的小孩回來了。當對學習有了渴望，自然就會產生主動性。

專心陪伴，造就願意主動學習的孩子

有一次，已經讀完一篇有關東京奧運獎牌製作過程的文章後，她竟然主動要求再多讀一篇。既然她都開口了，媽媽下班再累也得撐住，至少哄她先試試自己讀，等等再一起討論。

結果卻讓我非常驚喜，但並不是因為她告訴我「整篇讀得懂」，而是她告訴我「第五段看不太懂」。

太好了！會說出「看不太懂」的孩子，表示她知道自己還可以學習什麼。所以我們再度一起從首段開始把整篇看一遍，這是一篇在講格陵蘭鯊的文章。看完後，我沒忘記領著她一起去大地圖前，確認格陵蘭鯊的家鄉「北大西洋」在哪裡，加深印象。

對於水果姊一改中年級以來的「反常」，我不覺得這是一時「被雷打到」，幸運撿回學習的胃口。

我比較傾向的原因是，持續超過一週，每晚請她選一本科普書來我旁邊坐著，我們一起閱讀（其實是各看各的，媽媽也是很忙的），之後我說要上「閱讀課」，請妹妹先不要過來干擾；以及專心跟她一起看《大家說英語》，我們反覆練習那幾句對話。

關鍵是：媽媽專心陪她，媽媽給她專屬的時間。

專屬陪伴時光，看見孩子思考發亮

發現這一點，其實有點汗顏。一來自己也忙，二來水果姊的自控力尚佳，難免對她的學習有點輕忽，想說她自己處理就可以。殊不知，除了成績有「緩慢」的退步，更嚴重的是學習態度與積極性變差了。原本還以為是制式的學校教育弄壞了熱情與胃口，卻忘了檢討自己給孩子的陪伴不夠。

但令人欣喜的，是從這樣的陪伴與專屬時光中，看見她的「思考」如何發亮與發展。

閱讀測驗的題目未必很好懂，但她去嘗試組織、提取、歸納、判斷剛剛讀過的訊息。其實，二選一猜錯，也是一種學習。孩子的「願意想」、「願意試」、「錯了也不怕」，對學習而言，是無比珍貴的特質，值得大人用心鼓勵和呵護。

時間上的「陪伴」、專心與孩子「討論」、「鼓勵也充分等待」孩子的思考、讓孩子有著「學習雖是我的事，但此刻爸媽和我在一起」的安全感及同行感，是我後來的體悟。

要讓孩子保有良好的學習胃口，爸媽專注投入的陪伴，及細膩的觀察和引導，是最佳的關鍵。為呵護孩子學習動力所能做的事，真的太多了。

4 共同成就有儀式感的家

讓孩子在學習更多認知、體驗更多經驗之前，讓他時刻在生活節點裡感到被愛，也為他種下感恩的種子，這就是家庭裡儀式感帶來的最重要意義。

「媽咪，謝謝你生下我！」

這句話，我一年中會聽到兩次。這兩次，都是在姊妹倆生日當天清晨醒來，還睡眼惺忪的時候。女兒會用手勾住我拉向她，接著便是一頓親親抱抱，徹底清醒後，也會去抱抱爸爸，甜暱的說著：「謝謝爸比養育我！」

第一次聽到這句話是在水果姊三歲生日，那瞬間真的感動到頭皮發麻。這是我做為母親，最感到幸福的一個儀式。

我們家有很多儀式，因為總不想只是在過「日子」。所以花了點心思，想把更多時刻，過成有甜美回憶的「生活」。這些儀式都能化成幸福感，滿溢在親子和家人之間。

一般日常，就是出門和睡前的親親抱抱、考前則有「加強版」的信心之吻與勇氣之抱，以及每進書店就能任意挑選，買本喜歡的書。

特別一點的，爸爸媽媽若要展開一段時間的忙碌工作，全家就會先去吃一頓好料；每次出國，尾聲為慶祝旅途平安順利，共享一餐美味的燒肉。孩子學階變化前、有什麼好表現時，都會有慶祝儀式。

這些細瑣的、即使沒有其實也不影響生活的儀式，成了我們想為生活每個節點都賦予意義的象徵。

在生命最大的儀式前，發現自己的幸福

對孩子而言，最明確的儀式，就是她們的生日了。

我會跟兩個孩子分享生產她們時的辛苦、疼痛，以及產後多日還無法行走的難受。所以她們聽過生姊姊時，媽媽在醫院待產、被施打藥劑催生的故事；也聽過生妹妹時，媽媽急產到差點走不進醫院的緊張刺激。但我同時告訴她們，這些都不算什麼，因為抱著軟軟

小小的她們，看在爸爸媽媽眼裡，就像個微笑的小天使。光看她們熟睡的臉龐，就會忘記一切的不舒服。

我述說與孩子間最深刻的連結，只是想要讓她們知道，這是一份最自然美好、也永不會改變的愛。

我希望讓她們知道，「過生日」的意義，絕不是要強調這一天自己是多麼獨一無二，而是要感謝有一個溫暖的家、有照顧養育她們的爸爸，以及勇敢忍痛生下她們的媽媽……。但感謝的心需要化為言語，所以生日這一天，她們已經習慣醒來的第一件事，是謝謝媽媽，勾住媽媽親親；跳下床之後，也謝謝爸爸每天以愛灌溉的照顧。

這種潛移默化，會深深影響孩子。

可樂果妹中班時，生日之前早早就問：「我生日的時候，可以帶人蛋糕去給全班小朋友吃嗎？」

這時候姊姊會提醒她：「你不應該想著要怎麼讓同學為你慶祝，要先謝謝爸爸媽媽給了你一個溫暖的家。」

我驚奇姊姊這樣說之餘，也會對妹妹補一句：「還要感謝上天給你一個好姊姊喔！」

生日這個儀式，重要的不是蛋糕禮物，也不是同學老師如何祝賀，而是體察自己多麼幸福，並要對這份不是經由自己努力卻能得到的幸福表示感謝。

看見愛與被愛，是儀式感帶來的意義

感恩的心很難教，透過「儀式感」，深化在孩子心中：因為有爸媽的愛和遮風蔽雨的家，所以需要對備受呵護的成長過程表示感激。

而孩子的真誠，很容易融化大人其實早已僵化的心。我們有多久也忘了好好感謝眼前的生活，和身邊愛我們的人呢？我們有多久已經習慣他人的善意與付出，久而久之，當作那是應得的呢？

儀式感會讓日子變得更幸福，《小王子》裡也說，儀式感就是使某一天與其他日子不同，使某一時刻與其他時刻不同。

除此之外，因儀式感來的觸動和省思，讓我們看到生命的豐足，與自己天賜般的幸運。畢竟，能被愛、被關照、被理解、被珍惜，是何其美好。

讓孩子在學習更多認知、體驗更多經驗之前，讓他時刻在生活節點裡感到被愛，也為他種下感恩的種子，這就是家庭裡儀式感帶來的最重要意義。

5 不只愛著孩子，也讓孩子陪伴我們

「我很需要你」，是親子間帶著魔法的句子。孩子感受到爸媽濃濃的「需要」，這是愛的需求與肯定。

好像從孩子會走開始，我們總希望和孩子一起經歷他人生的各種初體驗，盡可能撥時間參與他的一切：學騎車、陪上課、參加小一開學典禮……。有的媽媽還會抽空參與孩子的班級事務，或擔任故事媽媽、義工媽媽。

我們投注時間與精神，就為了當一個「不缺席」的媽媽。

可樂果妹中班時的聖誕表演，她期待我看她穿可愛的兔子裝，當她說：「媽咪來看看我好嗎？」再怎麼忙碌，我都拒絕不了。

我在大雨滂沱中飛車趕到學校，為她拍幾張照片，跟她抱一抱，只能停留五分鐘，就得匆匆離開趕往下一個行程。

但可樂果妹事後並沒有抱怨媽咪只到一下下，而是開心我有「努力趕到」，然後安慰我：「別失望喔，爸比有看到我跳舞！」這是她的體諒與對媽媽的包容。

我們總是盡量的、努力的，壓榨自己一點沒關係、犧牲自己一點沒關係，就是為了當孩子希望我們在的時候，我們總能出現。

「孩子的保鮮期只有十年」，這句話重壓在每位爸媽的心頭。

我後來懂了，就算只有十年，但那十年間，未必全都是孩子的世界或話題呀！父母可以邀請孩子，進來我們的世界，讓他們陪伴我們。

那個「十年」，其實更該看做是，一段親子相處密度與濃度極高的時光。

「我很需要你」，是一句魔法句子

對於水果姊，我邀請她進來我閱讀寫作的世界，她讀著我推薦給她的書，我讀了她希望我也看的書。

她把看過的書，寫幾段心得跟我分享；我把她的心得，加上我的感想，組合成一篇篇

「週五好書夜」專欄，發表到臉書上。

或許，這起先只是鼓勵她愛上閱讀寫作的策略。但是後來的發展，卻出乎意料的成為我們母女可以一起共度、討論、互相打氣的美好時光，她看重媽咪的寫作，而我也聆聽她的建議。

對於可樂果妹，我邀請她陪媽媽學打網球。

她說：「為什麼我要學啊？」

我說：「你學會之後，以後負責陪媽媽打呀！你運動神經這麼好，我很需要你耶！」

聽到這句，她甜甜的笑了。

「我很需要你」，是親子間帶著魔法的句子。孩子感受到爸媽濃濃的「需要」，這是愛的需求與肯定。看重孩子的價值，即使只是看起來微不足道的陪伴，孩子都會願意為親愛的爸媽做點什麼事。

我們不只愛著孩子，也讓孩子陪伴我們，做家事或簡單的料理就是很好的開始。

孩子在陪伴的時光中，知道爸媽的興趣與愛好，看到爸媽因為什麼話題或夢想而雙眼閃閃發亮。

很愛自己，同時把身心照顧得很好的父母，是孩子此刻生命中最美的事物。

不必當滿分父母，也讓孩子學習如何付出

孩子陪伴的，當然也包括了電力不足時虛弱無力的大人。

有次爸爸週末出差，但媽媽卻生病了。這時候我跟兩姊妹宣布：「媽媽不太舒服，你們互相作伴照顧吧！」除了午晚餐簡單打點一下，其他時間我就躺在床上病著。

我並未期待自己是個滿分媽媽，自然也就不避諱讓孩子看到媽媽的「虛弱」或「無能」。我相信暫時的放手，未必會造成天下大亂。

那兩、三天，我常聽到她們倆互相提醒：「讓媽媽休息，我們講話小聲一點。」姊姊帶妹妹玩耍、準備早餐給妹妹吃、陪妹妹玩遊戲、唸故事書、兩人一起洗完廚房所有的鍋碗瓢盆；到了傍晚，姊姊帶著妹妹去洗澡洗頭。一整天的忙碌過後，兩個人拿媽媽的平板，布置好舒服的被窩，輕鬆愜意的看柯南動畫。

雖然那段時間也是會聽到姊妹倆爭論的聲音，就讓她們自己想辦法協商處理吧，生病的媽媽無力插手。

但我更開心的聽到，當姊姊需要複習功課，就會交代妹妹：「你先去畫畫，大概半小時，我等一下就會去找你。」她們的「作伴」，就是互相支持、彼此照顧。而給媽媽的「無聲陪伴」，是讓媽媽不操心，有安靜的休息時間。

爸媽都不需要期許自己是萬能的照顧者或滿分的父母，或是孩子眼前永遠不倒的英雄；適度的示弱，呈現常人的一面，讓孩子疼惜你，也讓孩子有機會學習怎麼付出愛與照顧。

重點是，若「陪伴」是一種付出，就讓孩子懂得為你付出；不只是因為你值得，而是這對他來說，是生命當中很重要的學習。

6 引導孩子看往世界的窗口

異文化的學習、跨文化的尊重、關心國際事務、能發表對國際事務的看法，都是影響孩子是否具備國際素養的關鍵。

有一天晚上，水果姊問我抖音是什麼？為什麼大家都在討論？那時候她四年級。水果姊說同學都在看抖音（才小四！），上面有很多好笑的短片，很有趣的樣子。看看我們家水果姊偶爾的網路媒體時間，還停留在原始人般的 YouTube。但既然她提問了，我就跟她聊聊抖音的快速崛起、美國為什麼要封殺抖音，以及中美貿易戰。

其實，父母所能陳述表達的也只是一種觀點。但父母卻可以提供一項初步線索，給孩子幾個關鍵詞，建構基礎概念，讓他試著去探索世界。

後來稍晚她在剪報時，喜孜孜的跟我分享她看到一篇短文在討論微博、抖音等部分中國App有洩漏數據疑慮的報導。

她的「喜孜孜」，是代表她開始看得懂一些議題探討的論述，她為自己不只是看懂故事文章而感到高興。

大型評測如何看待國際素養？跟我的孩子有關嗎？

我們在第一章第2篇〈終身學習的爸媽，是最好的榜樣〉（三〇頁），曾提及PISA評量在二〇一九年公布的結果之一：「臺灣學生非常害怕失敗。」

二〇二〇年十月，PISA公布另一項數據：國際素養（Global Competence）評比。二〇一八年首次舉行的「國際素養評比」，臺灣學生獲得全球第五名，而前四名分別是新加坡、加拿大、香港、蘇格蘭。前十名中還有另一個亞洲國家，是第七名的韓國。

「國際素養」首次被PISA納入評測，主要原因就是期待各國青少年學生在全球化浪潮下，能夠具備全球視野，與世界各國的夥伴進行跨文化互動，一起解決跨國性的問題。

評測的方式除了作答題，也有讓學生自評的問題，主要是測驗幾個項目：

1 深入理解本土、國際或跨文化議題
2 理解並欣賞他人的不同角度和世界觀
3 投身於開放、適切且實際有效的跨文化互動中
4 為集體福祉與永續環境採取行動

新課綱核心素養裡的「社會參與/多元文化與國際理解」，就是納入這一塊的學習，希望孩子具備的素養中，能依循時代進步與趨勢前進。所以，異文化的學習、跨文化的尊重、關心國際事務、能發表對國際事務的看法，都是影響孩子是否具備國際素養的關鍵。

「我的小孩沒有要出國讀書/工作，應該不需要特別關注這一塊吧？」

其實現在全球化的密度已深入生活裡了，根本不可能和孩子的未來切割開來。臉書全球大當機、抖音和 IG 對青少年的影響，或者日本動畫《航海王》、《鬼滅之刃》、韓國的「韓流」偶像團體……等，臺灣的孩子接觸這些事物，透過網路完全沒有距離。

再則，這兩年影響人類最巨大的一件事就是 COVID-19，它更是橫跨國界，屬於全球共同的難題。此外，氣候變遷和環境議題，已是長年以來全球人類共同的核心焦點。此外，孩子所關注的一切，從流行、社群，到青少年次文化，許多都是來自其他地區的產物。

生活中的多元議題討論，打開孩子的視野

孩子成長學習過程中，接觸國際議題已是必經的歷程。父母該做的、能做的，就是協助孩子得到更多元的訊息。更甚者，指引孩子能理解及尊重別人的觀點，也能進一步闡述自己的想法。

父母若不跟孩子談時事議題，不釋放合宜持平的觀點，孩子接收到的訊息，或許就會更加片段或偏頗，因為來源不外乎是同儕或網路，孩子吸收了什麼，我們並不知道。

「國際素養」是全球評量的一個項目，聽起來有點深奧，但落實在生活中，就是當孩子從學校聽到什麼回來問時，好好陪他聊聊：盡可能中立的、不帶批評的跟孩子分享見解。

但要記得告訴孩子，這只是爸爸媽媽的看法。任何事都會有不同的立場，甚至彼此雙方都有各自的道理，我們要試著開放心胸，盡可能去了解事情完整面貌後，再試著下判斷，或聚焦自己的思考。

親子間討論並形成孩子價值觀一部分的過程，比臺灣學生得到國際考試第幾名更重要。

在孩子還小時，父母的言行和引導都有橋梁的效果，幫助孩子更具視野的看待他以後的世界，並有與人合作的胸襟與智識。就從小範圍的議題討論起，也同時提供合適的訊息

（如《國語日報》，或優質的新聞報導），父母的引導與對話，最為重要。

任何議題的吸收、累積、理解、分辨、判斷、凝聚或發表，漫長的認知形成之路，是孩子面對變化最穩固的基石。孩子以後的世界會比我們這一代寬廣很多，訊息傳遞更快速，但事件面貌卻更多元多變。孩子的視界與判斷力能到哪裡，就奠基於父母能理性呈現事實各個角度，協助打開一扇看往世界的窗口。

7 父母眼裡，最美的風景

手足和睦，那真是父母最愛的家庭風景。父母要當合適的潤滑者，常讓孩子之間看見對方的好，也要提醒彼此尊敬友愛。

對父母而言，最感欣慰的畫面，應該是自家孩子相親相愛吧？尤其是二〇二一年全臺大停課（史上最長暑假），孩子窩在家裡難免吵吵鬧鬧，如果能「一反常態」的手足情深、相親相愛，甚至為家裡做點事，那當爸媽的，一定感恩這老天掉下來的禮物！

天生黏媽媽的可樂果妹，停課期間竟轉移目標跑去黏姊姊。開始練習睡姊妹房的妹妹，睡前想媽媽時，竟然不是找我去陪睡，而是請姊姊抱抱安慰。半夜醒來，也不是到我房間，而是叫醒姊姊默默流淚一會兒，在姊姊拍拍下再度睡去。

與其說妹妹不找媽媽，媽媽一整個好輕鬆，不如說我家的水果姊怎麼大轉性，這麼寬容、體諒跟愛護妹妹？

我想，這跟停課期間，姊姊睡得飽、情緒更穩定有關。但最重要的，應該是她已經過了某個階段，心智變成熟了。

外出吃冰，妹妹的芒果牛奶冰先上桌，竟是先移給姊姊：「姊姊先吃一個吧？」但姊姊盛起來的第一塊芒果，竟是要餵妹妹。

雖然有好吃的不是先想到爸媽，但先想到手足，還是讓媽媽熱淚盈眶，想說這兩個之前很愛鬥嘴的小朋友是怎麼了？

妹妹前陣子非常熱愛加減的練習，相加的進位已經沒有問題，相減的退位，還需要思考一下。姊姊則是很有耐心的陪伴，在我的「不可以現在就教她直式」的耳提面命下，耐著性子陪妹妹畫圈圈、數圈圈。

姊姊還有一點很厲害，就是懂得拆解學習步驟，讓妹妹在她搭的鷹架上，一步步的學會。這就是「小學生教小學生」的優勢，比大人更貼近學習的痛點。

所以與其稱讚妹妹慢慢的不黏媽媽了，我更是稱讚姊姊的付出、耐心，和懂得「如何當一個好的學習引導者」。

我具體的稱讚她：「你現在好有耐心喔，也會回應妹妹對你的撒嬌，怎麼這麼棒啦？」

（然後媽媽抱一個。）

也誇張式的稱讚她：「真是還好有你，你把減法退位的步驟拆解得更細，妹妹在你指導之下學得更好了！」（然後媽媽親一個。）

手足和睦，那真是父母最愛的家庭風景。父母要當合適的潤滑者，常讓孩子之間看見對方的好，也要提醒彼此尊敬友愛。

我跟可樂果妹說：「你好幸福喔，有這麼棒的姊姊！你自己是個很有禮貌的妹妹，姊姊才會這麼愛你。」

我也告訴水果姊：「比起其他的六歲小孩，妹妹算是很理性、很少無理取鬧的了。她真的比大部分同齡小孩都懂事，或許是因為她有一個好姊姊吧！要持續疼愛她喔，老天給你一個很棒的妹妹。」

很可愛的，這兩個小孩都會諂媚的哄媽媽高興：「對嘛，也不看看我們是誰生的？」沒錯，這個答案非常標準，因為互相讚美和肯定，是這個家裡最常做的事了。

日常的幸福，往往不是自己付出什麼，而是被家人寬容著、愛著、體貼著。

每一年她們生日早晨抱著我、跟我說「謝謝媽媽生下我」時，我真心誠意感謝上天，然後回答她們：「我也很感謝你能來當爸爸媽媽的小孩！」

8 和孩子聊聊我們的朋友

孩子模仿父母長大，這自然也包括了，孩子從父母與朋友的互動中，去學習怎麼選擇朋友、珍惜友誼、體諒他人，以及欣賞他人不同的長處與優點。

「媽咪今晚要和哪個阿姨出去吃飯，晚點回來喔！」

「爸比明天和哪個叔叔去全中運／全民運當裁判，會很早出門，但晚點會回家。」

以上兩種句型，在我們家輪流出現，大人維持原本的社交或活動，但都會讓孩子知道爸媽的朋友是誰。

更深一步的，我甚至會與孩子討論，哪件事，媽媽的朋友給了什麼建議？或者哪本書可以分享給某位叔叔阿姨，因為他們家的孩子很適合。

大人常和孩子聊自己的朋友，自然也會換來孩子樂意主動分享他小小交友圈裡的各種趣事和點滴。

對於孩子的交友狀況，大部分的父母都是會想了解的；因為若知道孩子的好朋友是誰、他們之間有怎樣的相處與互動，更能夠加深親子關係。

所以，做為父母的我們，也可以與孩子分享，我們如何和好朋友相處、我們怎麼欣賞和學習好朋友的優點。讓孩子貼近父母，也讓孩子看到父母的這一面。

「群體生活」雖是本能，父母不用教，孩子也會交朋友。但父母的「教」，則有更大機會讓孩子學到與人交往的技巧，或者更大機會交到益友。這種「教」，除了嘴巴說，還要做給他看。

孩子模仿父母長大，這自然也包括了，孩子從父母與朋友的互動中，去學習怎麼選擇朋友、珍惜友誼、體諒他人，以及欣賞他人不同的長處與優點。

但是孩子怎麼知道這些事呢？就得靠父母的分享了。

父母以自己的朋友向孩子舉例，哪些是值得敬重的特質

有一些重要的價值觀，例如努力、敬業或態度，這真的很難教條式的教導。但若是舉

實際例子，尤其是舉一個實際生活中孩子也認識的人，就更容易引起共鳴，給孩子的印象也更深刻。

有一年，我帶著水果姊同我亦師亦友的高中恩師一起去日本旅行，在新幹線上，我指著沒座位只能站立、卻仍努力不懈用手機寫作的老師，告訴水果姊：「你看到了嗎？這個就叫做『有人比我們有才華，但卻還是比我們努力』的樣子！」

又比如，我跟水果姊分享，她也認識的科長阿姨，即使口才已經很好、反應已經很快，但她和媽媽去中央爭取經費前，還是會在家裡將簡報練到滾瓜爛熟，報告時間分毫不差。這就是一種高度敬業的態度。

我喜歡和孩子聊天，但不只聊她的同儕，聊他們小朋友的相處；也會聊我的朋友，聊我和朋友間的互動。

透過生活裡彷彿不經意的閒聊，我希望孩子可以看到父母慎選朋友、如何和朋友互動，以及尊重具備哪些特質的人。

價值觀，是一種長期積累、內化的信念，這包括孩子成長過程中經驗到的一切所轉化出來、屬於自己意志的一環。

所以，我與孩子分享身邊朋友值得敬重的特質，或者表現出來的行為；好的品德，要教導孩子看得懂。懂了，才知道這也是他砥礪自己或選擇朋友的標竿。給孩子可依循或模仿的路徑，讓他知道爸媽與朋友互動是什麼樣子，這對他的交友有很好的啟發。

升上五年級的水果姊有天回來跟我說：「坐我前面那個男生對我的負面評價，就是我長得不夠好看。」

我問：「為什麼那個男生對你有負面評價？」

她告訴我：「他對班上每一個女生都有負面評價呀，我就問他那對我的是什麼？」

我哈哈大笑：「首先，媽媽覺得你長得很可愛，很多人也讚美你氣質很好，但同學對美醜的判斷標準，我們尊重他。」然後正經的繼續說：「第二，我認為隨意就提出對他人的『負面評價』，不是可取的事，我們多看他人的優點和可學習的部分比較好。」

所以，我常會在聊天中和水果姊分享，哪位阿姨很勇敢堅強的走過生病的低潮，卻依然樂觀開朗，甚至還去跑馬拉松，我很尊敬她；或哪位叔叔面對大量工作的挑戰，但還是保持笑容、不疾不徐，是媽媽很好的學習對象……

交朋友，是為了讓自己有寬廣的眼界，也讓自己更進步。但怎麼與朋友互動，如何真誠、大方、正向，甚至互相體貼理解，這也都是需要學習的。

教孩子具備好朋友的特質，也懂得珍惜好朋友

父母或手足不會陪伴孩子一輩子，人生路上在低潮或挫折時，可以陪在孩子身邊，幫他打氣、激勵他或安慰他的，往往是他的益友、戰友或無話不說的閨密。所以，讓孩子成為他人眼裡「可靠且信實」的朋友，或讓孩子知道怎麼選擇真正有價值的朋友，並懂得相處與珍惜，是父母能盡量做的事。

友誼很珍貴，不是因為好的友誼可以協助我們成長或成功，而是更滋潤生命的風景，讓我們的人生旅途充滿了溫馨、信任、支持和互相勉勵，也希望孩子的成長路上有這份安心的情誼。所以，和孩子聊聊友誼之道，讓孩子看看父母與朋友的相處、或教育陪伴孩子學習「做一個真誠善待他人，也懂得適當與朋友相處的人」，是很親密深刻的親子話題。

9 學習道歉，讓孩子更愛你

我想要讓兩個孩子知道：我們每個人都有能力在犯錯後，試著修正以及調整自己，然後學習成為更好的人。更重要的是，這個會犯錯但勇敢認錯的媽媽，給了她們真實被愛的感受。

人與人之間，都是先有關係，才有機會開啟信任；有了信任，佐以更真誠且持續的互動，才能造就團隊或組織的前進。

但不只職場上注重關係，人生初始關係的建立，就在家庭。

孩子從家庭的親子和手足之間，學習如何與他人往來，然後進步為更成熟的人。而這緣起於家庭內的互動是否具備溫暖、安全、被接納；這段烙印的記憶伴隨人的一生，影響他後來面對任何關係的模式。

然而，任何美好的親子關係，也會有歧異與不和的時候，光是寫功課的拖拉和責備、生活習慣的雕琢和反抗，就是一次次關係的緊張。

心理學上說，任何一段健康的關係，從來不是始終風平浪靜，難免會經歷波折、誤解，甚至斷裂。誰家親子間不吵架？親密的手足也是在打打鬧鬧中長大的。關係發生衝突並不是終點，而是情感更深化的起點。關鍵在於雙方是否誠心的修復：父母能否願意當一個示範「爸爸／媽媽向你道歉」的角色，讓彼此理解與親密更增加。

關係有歧異時，是因為爸媽與孩子都有當下的立場，或認知上有差距。但事後意識到「剛剛其實是自己陷在情緒裡」的父母，能主動向孩子說「對不起」，承認錯誤、修補關係、表達溫暖，再次申明不變的愛，這對孩子來說意義重大，也能重拾自己「被愛」的信心。

父母也會犯錯，但會因著愛孩子而勇於認錯

我其實常跟雙果姊妹「認錯」，承認稍早口氣太凶、承認剛剛太急、承認因為誤解造成不當的責備、承認媽媽弄錯了什麼事，或剛剛忙於手機（電腦）上的公務（甚至娛樂）而對她們的要求感到不耐煩……

我會請這位委屈的「苦主」過來（但也有可能要忍受被拒絕，她們若還在氣頭上，我也不會勉強），拉著她的雙手，和緩誠懇的看著她的眼睛道歉。通常我的開場白是這樣：「嗯……媽媽想跟你說，剛剛那件事，媽媽做得不好，媽媽不應該……，所以媽媽想向你道歉／媽媽想跟你說對不起……」

通常在這種溫馨的開場白之後，她們會有兩種反應。一個是會突然委屈的大哭，因為剛剛飽滿張力的情緒，在媽媽的道歉下得以釋放（若是哭了我就會緊緊的抱著）。有時候會笑一笑，轉移話題，算是給媽媽下臺階。

但不管是哪一種溝通，我們母女間的儀式是話題結束前，一定會再次確認：「那我們抱一下／親一下表示和好，好嗎？」

認錯、道歉，與之後的修補，並不會讓我這個媽媽感到危險或不自在。媽媽不需要十全十美，媽媽也會犯錯。但我希望在無形中向孩子示範：無須假裝自己不會犯錯，而是需要真誠面對，然後誠心請求原諒與修補關係。

我也想要讓兩個孩子知道：我們每個人都有能力在犯錯後，試著修正以及調整自己，然後學習成為更好的人。更重要的是，這個會犯錯但能夠勇敢認錯的媽媽，給了她們真實被愛的感受。

父母不需要完美，但孩子期盼父母能看到他的內心

所有父母當年也是小孩。心理學上說，很多父母對待孩子錯誤的舉動，都是源自童年有哪些創傷來不及修復就（被迫）長大了，於是很難避免把小時候不愉快的經驗傳下去。有一句話說「幸運的人用童年治癒一生，不幸的人用一生治癒童年」，可見童年時烙下委屈傷痕，或是感受幸福呵護，影響甚鉅。

我們絕對不希望，小時候討厭的感受與經驗再度往下複製。所以，別當一個讓孩子永遠等不到「對不起」的爸媽。

能夠以讓孩子感到安全的方式，坦然向孩子道歉，這可是對父母來說不容易的修練和功課呢！但會得到更穩固互信的親子關係做為回報。

有幾個關於向孩子道歉的重點：

1 若父母會尷尬的話，和孩子坐同一邊，或抱著孩子在懷裡，不必對視，但請在情緒都過去之後再進行。

2 道歉就是簡單三個字，不需要再加上「媽媽向你道歉，但也是因為你怎樣怎樣，所

以媽媽才怎樣怎樣……」這叫找藉口，或者更糟的是，孩子感覺父母在卸責或變相的責備他，這只會開啟另一段風暴。

3 爸媽可以承認自己挫折、負面的情緒，也可以邀請孩子成為同一個團隊，幫助爸爸媽媽，製造雙贏效果。例如：「不管媽媽有多累，剛才都不應該大聲叫你走開。或許我們可以互相幫忙，你給媽媽半小時把這件工作做完，半小時後媽媽專心陪你看書。這半小時內，你先去洗澡好嗎？」

4 避免過度承諾。有時候爸媽會基於彌補心態，而做出不適當的承諾，包括物質彌補。這反而矯枉過正，也會讓孩子混亂，誤以為父母的討好是應得的。

能讓彼此關係恢復和緩的道歉，取決於平日雙邊的情感存款有多少。但父母也要認知，愈長愈大的孩子，有他的感受和情緒，也有他的節奏和時間，不需要勉強孩子馬上願意和好、願意修復。等待和冷靜，是父母這時候該做的。

只有當父母卸下「完美」的面具，才更能看見、寬容那個不完美的孩子。也才會更容易接收到孩子想要傳遞出來的訊息，那才是他真實的需求。一個懂得看見內心的爸媽，也是孩子更想要的，最完美的父母。

10 沒有最好的教養，只有最合適的互動與欣賞

世界上沒有最乖巧的孩子，也沒有最完美的父母；但是每一個家庭，都可以創造出獨特又親密的親子互動模式。

每個孩子都是獨立個體，每個家庭都有各自的風景，或難以解決的問題。難免有時感嘆：教養書讀了那麼多本，但還是「別人家的孩子總不會讓人失望」嗎？

別人家的育兒教養看起來順暢，因為那只存在於那家的孩子性格、親子互動與獨特的氛圍裡；所以轉移使用時，得依照自己家孩子的性情，做不同的調整。

世界上沒有最乖巧的孩子，也沒有最完美的父母；但是每一個家庭，都可以創造出獨特又親密的親子互動模式。這份「關係」，需要用愛與等待灌溉，更需要花很多心力去「刻意塑造」。

每組親子互動，都是獨特的存在

光是一個簡單的家庭，爸爸媽媽再加上兩個小孩，就可以組合出四組迥異的親子模式，而每一組，都需要「客製化」的引導與對應。

我自己的兩個女兒雙果姊妹，個性完全不一樣。姊姊嚴謹小心、具責任感、吸收力高，但也相對拘泥，有自己的堅持和卡關點。妹妹飛揚奔放、活潑樂觀、靈活創意，但缺乏耐心也較難堅持，天馬行空思維跳脫。

對姊姊可以強勢引導，她善於學習、接受和吸收。但對妹妹就不行，妹妹會以一種可愛的姿態，閃過父母要「餵食」她的企圖。

對姊姊可以正襟危坐的上課，但對妹妹就得預防思緒被她拉著走，得花點腦筋，鬥智玩遊戲把她「騙」回來。

就是因為連自己的（兩個）孩子，在互動和教養上還是可以差距這麼大，當父母的挑戰（或樂趣）才會一直存在。

更重要的是，要帶著真實欣賞的眼光來看著孩了，讓他們在安全感裡，更樂於與爸爸媽媽互動。

為什麼孩子小時候喜歡挑戰，長大後卻只想直接要答案？

不過，就算每個孩子都是單一個體，畢竟兒童發展有其進程，在引導互動的策略上，有沒有共通性？當然有。

按照大腦與心智成熟發展歷程，一般來說孩子們喜歡的是：

1 可預期的秩序感
2 可挑戰的歷程
3 能自我滿足的心流體驗
4 在自我效能感上，經努力後可獲致的成就感

雙果姊妹也是這樣的。

比起最後得到的那份成功，孩子們更享受「嘗試解決挑戰的過程」。因為太簡單能一眼識破的題目，很快就失去趣味。在某些線索底下，嘗試、失敗、再嘗試，努力後有機會跨越的障礙，最吸引人。

其實，她們就和所有的孩子一樣，未必只想追求「最後那個正確答案」；反而更享受過程中的猜想、找策略、試錯，或者歸納統整的思考盤算。

最重要的，整個過程中，父母陪著一起動腦、排除選項、再次挑戰，及最後破關瞬間的擊掌歡呼。

但為什麼孩子長大後，反而不重歷程，卻想要直接有答案呢？

或許是因為，走完歷程太花時間，而且，父母師長沒有時間等待。或者是，父母師長太常直接讚美「最後那個正確答案」或「分數」，而忘了肯定在歷程中願意努力的心意。試錯，但不氣餒，再試一次，其實才是孩子學習路上最珍貴的瑰寶。

搭建鷹架，讓孩子拾級而上

那麼，陪伴孩子走學習歷程，父母可以怎麼做呢？

搭建鷹架，讓孩子從某些基礎上往上爬，是不錯的起步。這些「鷹架」，或許是他們本來已學會的學習認知，也或許是解題當下，父母刻意拋出的線索或提示。

就算不是學教育的父母，也可以做得很好，並沒有想像中那麼深奧，單純從「拆解步驟」

開始，大人一步完成的事，拆成多個步驟給孩子去嘗試和挑戰。或者，引導孩子回想比較基礎的觀念。

舉例來說，我問當時六歲的可樂果妹「三十一到三十九間有幾個偶數？請排出來。」我找了數字棋子來，讓具體物品協助幼兒更快建構概念。

但就算看著棋子，還是可能不會。因為不會的，可能不是「偶數」這個觀念，而是對「三十一到三十九間」這個詞感到陌生。所以我會先問她：「你知道一到九之間，有幾個偶數嗎？請排出來。」保證孩子一定很快琅琅上口「二、四、六、八」，然後就把這四個數字挑出來。

這時候再讓她練習，「十一到十九間，有哪些偶數呢？」孩子會試著學習遞移，那「二十一到二十九間呢？」之後要再進階到「三十一到三十九間」，自然就不會卡在當下，一籌莫展了。

所以家長們不需要焦慮，願意花時間陪伴孩子，就已是很大的付出。有幾個關鍵我們可以留意：

1 先讓孩子做確定他已經具備能力的事（如：請先找出一到九之間的偶數）。依照對孩子程度的了解，來決定處理題目前，還要再拆解成幾個步驟（如：再找出十一到十九間的偶數）。

2 從他們已會的認知帶入，配合畫圖、教具，讓學習「具體化」、「視覺化」，效果會更好（尤其是對幼兒或初次學習這概念的孩子）。

3 孩子往下一個鷹架若有困難，可以再回頭去前一個鷹架，再次確認觀念是否清楚。

4 讓孩子當解題者，但也讓孩子當考官。

以這題為例，協助孩子找出規律後，然後再請可樂果妹「出題」考考媽媽，接著就好整以暇的等她「好像想了一個很難的可以考倒大人的問題」來問：「九十一到九十九間有幾個偶數，媽咪知道嗎？」

這時記得演一下，大吃一驚的稱讚孩子題目出得好，以加強她對數學遊戲的喜好。更重要的，透過這樣的互動，表達對孩子能力的肯定、欣賞，提升自我效能感。

然後再依當下的情況與孩子的體力、專注度，考慮要不要進入類似「二十五到三十四間，有幾個偶數？」或「一百零一到一百零九間，有幾個偶數？」的進階題了。

學習中的互動技巧，對每一個孩子玩起來都不太一樣，並沒有最好的準則。但自己家孩子的性情與起點能力，家長是知道的。肯定他已經會的、欣賞他願意努力的、順應他的認知能力，去發展出適合彼此間的遊戲。

遊戲嘛，就要好玩一點、放鬆一點、趣味一點，更能夠引發討論或思考，孩子在爸媽的欣賞與愉快互動中，就會打磨出一套最適合彼此、也最有效果的親子互動了。

第三章

素養，學習中實踐

知能成長與學習素養

1 學習之旅，從錯誤筆記開始

學習，要讓孩子對它「有感」，這是孩子與自己的競賽，不是與別人的競爭，更不是為了爸爸媽媽老師而做的事。

可樂果妹今年上小一，水果姊很關心一件事：「什麼時候要幫她買錯誤筆記？」我哈哈大笑，把「錯誤筆記」說得好像是祕密武器，有了它學習就無往不利，但其實那就只是一本普通筆記本。

但可貴的是，打開筆記，前幾頁還是稚嫩的筆跡，甚至是注音呢！然而一路以來，上頭記錄了水果姊四、五年來，她做錯的各學科題目訂正、看到而想挑戰的難題、自己嘗試出的題目等，算是陪她度過大小考試的「葵花寶典」。

即使我和雙果爸爸都是老師，我們也和所有天下父母一樣，只希望孩子專注、細心、負責任的把應該完成的學習歷程——簡單來說就是每場評量或考試——腳踏實地的完成。

製作錯誤筆記的三步驟

我始終刻意在孩子身上建立一個觀念：學習是「自己的事」。父母當然可以自許是孩子的人生或學習教練，但終究，選手是孩子，他得對自己的路程有感，才會知道付出努力是為了什麼。

從水果姊小學一年級起，我就希望她重視每一次錯題的「訂正」和「自我補充」。也花了些許心力，想辦法建構出她對學習和準備考試的自覺。

「我們來把錯的題目記一下，下次再出現時就更有印象，不會再錯囉！」我拿出一本筆記本，這樣跟她說。

「但是老師已經要我們訂正在考卷上了。」水果姊起初並不願意。

「沒關係呀，考卷上的訂正分散在不同張，這本就是所有錯誤的集合本，你考前翻翻這本就可以得高分，也不用再去找出一堆考卷，可以節省很多時間，要不要試試看？」我繼續鼓勵著。

還好小一的錯題分量很少，連哄帶騙的，她終於願意打開筆記本的第一頁。

我們把這個本子取名為「錯誤筆記」，為了簡單 點，我跟她說所有科目都寫在同一本。讓水果姊把小考考卷、家裡評量裡答錯的題目，連同正確答案，重新寫／抄一遍，這本本子同時也記錄著她看到過比較難的題型，做為補充資料。

小一就開始寫錯誤筆記的好處是，因為學科很單純，知識量也很少。平日就做，並不會增加太多負擔，慢慢養成「把錯誤記錄下來」的習慣。小一生不認識幾個字怎麼辦？用注音也可以呀！

其次，我並不會規定「筆記該怎麼寫」，建立起習慣比弄出一本完美筆記更重要。我只有提醒字體端正，要讓自己回頭看時看得懂。格式的部分，就隨她自由發揮：「這不是媽媽的錯誤筆記，所以你決定就可以。」不過在剛建立習慣的頭一年，我會盡量陪她寫，會一邊看著，但不干涉她在錯誤筆記上的呈現方式。

這裡的陪伴有兩個意義，第一是讓孩子在做這件事時，不覺得孤單；第二是讓孩子想問問題，或確認自己訂正得對不對時，很快就能獲得幫助，這是一種學習上的安心感。

第三步，就是不時告訴孩子，筆記可以陪她到考前最後一刻，但爸爸媽媽最多只有早上出門前給她信心之抱。換言之，錯誤筆記可以給予的幫助，比爸媽更大喔！

「你之前不會的，都記在本子上了。考前再翻一翻，沒有問題的啦！」每次大考前，我總是這樣洗腦她，鼓勵她「依賴」錯誤筆記，這會讓她比平日更自動自發、更細心專注，把錯誤筆記做好。

最後，面對錯誤筆記要心態嚴謹、方式輕鬆，孩子就不會認為「這是多一樣工作」。

錯誤筆記的真實意義

為了達到這樣的效果，我和水果姊輪流玩出題遊戲，她若想出稍有水準的題目，我會用力誇她超強的，已有老師的水準，請她把自己出的題目也收入錯誤筆記。

這當然是誇張的讚美，哪有孩子不愛被稱讚「簡直和老師一樣厲害了嘛！」所以水果姊每次都會開開心心在出錯的題型上，再去延伸、設計出另一個題目，考媽媽也考自己。在親子玩得開心的過程，我暗喜目的已經達到：一來是她很投入，二來都能夠自己出題了，我相信她真的已經搞懂原本答錯的題目或觀念了。

所以，並不是說抄寫題目有多重要，當然更不是基於處罰要她罰寫，而是希望她習慣時時「檢視」自己學習或練習的軌跡，那個本子，是她的學習好友；她自己，才是她最好的學習夥伴。

學習，要讓孩子對它「有感」，這是孩子與自己的競賽，不是與別人的競爭，更不是為了爸爸媽媽或老師而做的事。

「錯誤筆記」只是一個媒介，孩子透過它和自己的學習對話，相信自己可以做好學習這件事。引導孩子踏上學習之旅，就從遊戲化的錯誤筆記開始。

2 確實訂正，比練習更多還重要

訂正之所以重要，不是眼前的「這一題」。孩子的這次錯誤是個機會，能讓我們從中檢視他在這一階段偏弱或不理解的困難是什麼。

上一篇談「錯誤筆記」，這一篇談老師很重視、但很多孩子視為畏途的「訂正」。已經都錯了卻還要重複抄寫，這是孩子不喜歡訂正的主因。如果錯很多，根本不知道什麼時候才能訂正完，更令人崩潰。

網路社群上有時看到家長抱怨孩子的訂正分量太多，以至於下課不能休息，就連回家也得寫到三更半夜，整個作息大受影響。林林總總對於過度訂正的抱怨與討論，讓親師生三方都感到疲憊。

我回想起以前當導師時，把學生「抓」過來，把他不會的、不熟悉的、錯誤的，好好訂正和理解，這是一個教學前線老師的日常。

但為什麼老師都這麼在意學生的訂正呢？透過下一次練習再去了解、修正錯誤，不是也可以嗎？

其實，盯學生訂正這件事，再認真的老師執行起來都要花力氣的。

我認為，除了矯枉過正的「處罰式訂正」不必要，例如一個錯字寫一百遍，或計算粗心的同一道算式抄上數十遍之外，訂正確實能幫助孩子。

整理、思考、重新演練一遍自己的錯誤，是有意義的，這也是所有老師要求孩子訂正的主要原因。

但訂正的重點是，弄懂當時為什麼出錯，以及是否可以在此基礎上應付不同的題型變化。如何執行訂正，將影響孩子之後對這個科目的接納或反感，所以需要謹慎，別讓本來的美意，成了孩子心中抱怨連連的苦差事。

有效訂正的五個策略

以下分享幾個「訂正策略」，就算在家裡，爸媽也可以陪伴孩子執行：

1 訂正錯字

對「字」的熟悉，往往要搭配孩子日漸豐富的閱讀，孩子才會對字的「面貌」更認識。所以與其讓孩子把每個錯字抄寫很多遍，我更常引導水果姊拿出紙本字典一起查找那個字的「詞組」，因為字要放在詞句、段落裡運用才有意義。

對當時低年級的水果姊而言，為了降低難度，我不太責備她「寫錯字」，而是邀請她「我們來認識這個字的家族」，盡可能用遊戲化的口吻（這部分的細部做法，請參考第四章第2篇〈從圖到文，進入更寬廣的閱讀世界〉〔二二九頁〕）。

一般來說，孩子寫錯字，主要是幾種狀況：字的部件不見、筆畫缺漏，或是寫出鏡像字或相似字。帶著孩子重新認識一下字的緣由、變化。如果行有餘力，再簡單介紹字的六書意義（象形、指事、會意、形聲、轉注、假借），尤其是最好理解的「形聲字」。若還有需要，請孩子在錯誤筆記上，依照正確筆順寫三遍加強印象。也可以上「教育部重編國語辭典修訂本」網站（https://dict.revised.moe.edu.tw/），或畫面可愛吸引孩子的「教育部國語小字典」網站（https://dict.mini.moe.edu.tw/）確認。

我也贊成讓孩子養成隨時查找的習慣，使用紙本字（辭）典也不錯，可以參考國語日報社出版的《新編國語日報辭典》。

2 訂正造句或造詞

搭配字的學習和確認而來的，是詞彙和短句，都是字的延伸使用。所以重要的不是死記標準答案，要求孩子抄十遍，而是能真正理解詞句的意思，以及如何使用。請孩子嘗試造出三個句子，短短的也可以。不過若是孩子能力還未到，背熟課本習作的例句佳言，也不失為打好基礎的方法。

若能造出句子，就請孩子寫在錯誤筆記上，當然也可以再搭配一句佳句，這樣就算是完成訂正了。

3 訂正文意選擇題

若對課文意思不懂，或文意理解掌握不夠，考卷題目寫再多也沒用。這時應該拿出課本，和孩子一起把全課脈絡理解爬梳一遍，盡可能避免讓孩子強記片段的訊息，而是要能全面理解課文。

4 訂正數學題目

數學錯了，是粗心還是無法理解題意？若是題目看不懂，要處理的是加強掌握文句的理解，還是找線索的能力，或是能避開題幹埋下的陷阱呢？

大人可以試試在同樣的題型下，稍加變化給孩子思考，或者，請孩子變化題型考考自己。不同的困難，要有不同的對症下藥。

5 社會／自然搞不清楚

若訂正只是抄寫題目和答案本身，最多也只保證下次遇到「一模一樣」的題目時才會作答。如果換了敘述方式，是不是又要猜答案了？社會與自然就和國語一樣，必須重回課本，弄懂那個章節的學習重點，才能根本解決問題。

國小階段的學科知識含量並不高，以上幾個策略都是父母在家中可以協助孩子的。雖然會花一點時間，但絕對可以累積出效果。每位老師要面對班上這麼多學生，實在無法客製化處理不同孩子情況各異的學習弱點；父母若能協助進行訂正，會給予孩子更直接且全面的幫助。

一位盡責的老師，基本盤就是顧好「粗心式」或「認知式」的錯誤，讓孩子下次面對「相似度很高」的題目，盡量不要再錯。再更用心一點的老師，得優先照顧落後比較多的孩子，先把「更大的洞」補起來，不見得有時間照顧「每個」孩子的學習盲點。

訂正這件事，背後象徵著孩子這個階段的小迷失，家長肩負指導任務，效果會更快。學校老師，就讓他去盯整體性的錯誤吧！

從訂正中，看到並補救孩子的學習盲點

訂正之所以重要，不是眼前的「這一題」。孩子的這次錯誤是個機會，能讓我們從中檢視他在這一階段偏弱或不理解的困難是什麼。

所以，先觀察孩子錯了什麼。以數學而論，明顯粗心的話，瞪個兩眼提醒一下就可以了。看起來不是粗心而是概念不清的話，就請孩子把原來的想法說出來，一聽就大概知道是否具有正確的觀念。但如果連說都說不出來，就更有必要回頭去找學習的盲點在哪裡。

關於社會與自然的訂正，很常是孩子都還沒讀過章節，就急著寫練習了，所以難免有錯誤。加上題目的文字或圖表多，所以這兩科的訂正常讓孩子叫苦連天。

若要避免社會與自然兩科有寫不完的訂正，就要建議孩子先複習章節後，再開始寫練習。孩子老是想趕快把該寫的寫完交差，模模糊糊的作答也不在意。但模糊的作答，猜對、

猜錯就只是僥倖，並無法形成具體的認知。

其實，不管哪一科，孩子面對複習的步驟應該是先把該讀的讀完、該整理的表格整理完，再去做練習。

真正重要的，不是反覆的測驗和寫不完的評量，而是章節內容的理解吸收。雖然不必排斥練習，但也無須過度「填鴨」。過量的演練，只會扼殺學習胃口。

但因為練習適量即可，所以「確實訂正」、抓出還不清楚的部分來處理很重要。不要讓孩子在心裡堆積很多概念不清楚的陰影，卻用大量的練習厚植他「猜題」的能力。「搞清楚」比「寫更多」，還要重要。

但願每個孩子都被期待具備這樣的觀念：「訂正不是應付和交差，訂正的意義是讓本來還不清楚的地方，藉由這次機會真正搞懂它。」

讓學習過程的練習與錯誤的訂正，在孩子的自我效能感中進行，這使他學習路上的每一步，顯得更有意義。

3 戰勝素養導向評量

戰勝素養導向評量，不管哪科，都從「讀懂字」開始，「找到解決方法」為中繼，到「提出觀點來解決問題」做結束。

「媽咪，你看看，這什麼題目啦？」當時三年級下學期的水果姊某次月考後回家，才一進門就揮著考卷對我這樣抱怨著。

我定睛一看，除了在心裡偷笑、眼睛一亮，確實也有輕輕為她倒抽一口氣。

B4大小的考卷整面滿滿的題組共九小題，以當時最熱議的新聞「買口罩」為主軸，涵蓋當次月考範圍：數量、乘法、容量和時間的換算。

沒錯，這是非常結合生活的「素養導向試題」，整個放入生活情境，看似在算數學，實際是在解決生活問題，測試的不只是孩子理解數學的觀念與計算能力，還有生活應用。

我們來看一下這題組的一部分：

「口罩實名制」實施之後，每人可以購買成人口罩三個，另外最多可以持三張兒童健保卡代購買兒童口罩，每卡可購買五個。今天快樂藥局排隊買成人口罩的共有六十人，其中有八人各持有三張兒童健保卡代購買兒童口罩，請問快樂藥局今天賣出的成人口罩和兒童口罩共是多少個？（四分）

口罩實名制二．〇上路了，自三月十二日至十八日開放民眾網路預購，為期一週。本次預購僅開放成人口罩，每人七天內可購買三片，每片五元，但是每筆訂單（每人）另需自付七元處理費，三月二十六日起憑證前往超商門市領取。陽光國小有十五位老師上網預購，請問老師們這一週內網路預購口罩共花多少元呢？（四分）

別說孩子了，爸媽如你我，看完這落落長的題幹後，有理解題目到底在問什麼嗎？

為什麼要有素養導向試題？

單純的乘法計算、容量或時間換算，對很多孩子不是難事。「操作型」技巧，完全難不倒平日大量練習的亞洲學生。但是，孩子以後要面對的世界和挑戰，卻不僅是操作能力就可以勝任。

更需要的是具備大局觀、清楚方向，也懂得如何拆解任務、歸納分析，這才是新課綱推動的重點，也是所謂「素養教育」的核心。所以，老師父母指導孩子的根本，其實是正確理解問題首要之務，得看得懂題目在問什麼。

回歸到閱讀理解的養成，這遠比「讓孩子愛看書」困難。因為，「喜歡看書」，與「知道如何把一篇小短文拆解、理解」，是屬於完全不同層次的能力。

但在學習「怎麼教孩子看懂、拆解、分析並歸納出問題」之前，父母的轉念很重要。

我聽過很多家長抱怨，為什麼解一道數學，需要落落長的題目？不是應該語文回歸語文、數理單純數理嗎？甚至有的家長感受是「硬為素養而素養」，彷彿套入生活場景，就成了素養導向的試題。

其實不如這樣想，未來純操作的工作極大比例會被ＡＩ取代。需要人力的專案，將不是依「學科／領域」來劃分，而是圍繞著「實務面的挑戰」所形成，那麼，現在開始讓孩子有「主題」跟「整體」的概念，是父母和教育者的責任。

舉例來說，一個專案經理，可能要理解法務、撰寫文案、閱讀數據、行銷管理、讀懂報表、熟習機臺、清楚趨勢和生產鏈等。可能還要懂談判心理、分析產業趨勢……。應徵職務時，他可以說自己只有一項專業嗎？或許這位專案經理有一個團隊可以討論或提供諮詢，但還是得有跨領域的涉獵，才能做出合適的判斷和決定。

結合和跨域能力，不但逐漸在教育現場被重視，也是孩子進入職場時，所面臨的選才標準之一。

所以不如將「素養導向評量」時代的來臨，視為孩子對未來的準備。單純的計算能力，已經不足以應付數學科了。僵化的知識背誦，愈來愈不易在大型考試中取得優勢。

如何養成閱讀理解能力

「閱讀理解」能力，逐漸形成不分學科不可忽略的重點。

若能從國小開始打下閱讀理解基礎，國、高中之後才容易深化。否則在新課綱裡，甚至全世界教改的脈絡下，讓孩子感到辛苦的，將不只有國語（國文）；素養導向題目勢必出現在各科的評量裡，孩子將面臨因閱讀力不足所導致的學習挫敗。

每年五月全國國中畢業生要面對的教育會考，早早就揭示大型考試命題方向了：內容多元化、形式多元化。

「具備綜合運用知識的能力」，是新課綱推動後，大型評量所要檢測的重點。「長文本」和「多文本」的閱讀力，是值得推薦的策略。前者培養閱讀長題幹的耐性、後者訓練各領域知識內容融合雜揉的能量。

循序漸進的幾個能力，從單純的讀字，到能建構自己觀點，甚至拿來解決生活問題，這才是素養導向教育（同時也是世界各國的教育改革）想帶給未來國民的能力。

長年的教育現場觀察，以及因從事教育行政工作對新課綱的理解，我認為關於閱讀理解，有幾個循序漸進的能力：

1 **能看字**：對字詞有基本的理解和知道如何使用。
2 **能看很多字**：有耐心看長文，並從中查找訊息。
3 **能看不同類型內容組合起來的字**：可閱讀不同主題的文字並了解文章意義。
4 **能說出看了什麼**：在閱讀之後，能用自己的話語表達。
5 **能評價看完的字**：能對看過的文章提出評價或批判。
6 **能提出自己的觀點**：在評價之後，也能建構自我觀點。

7 **能試著找出不同的觀點**：除了文章和自我觀點，可以理解其他不同的討論視角（例如新聞事件、歷史事件等）。

8 **能比較各種觀點的差異**：具備歸納或推導能力，知道各種觀點的論述角度和優劣。

9 **這些觀點，能解決生活中的問題**：素養教育的目的就是任何的學習和吸收，都要回到生活脈絡運用。

教育當局確實盡力透過各種計畫培訓老師增能，也期待老師在教學上引導學生逐步發展出成熟的思考和解決問題能力。

面對素養導向評量，父母可以做什麼？

父母可以做的，是在家裡擔任孩子的學習引導者和最溫暖的陪伴者，一面鞏固每個學習階段該基本學會的，一面慢慢帶入閱讀理解的掌握：層遞性的鼓舞孩子，從「我愛看」、「我看得懂」、「我說得出」，到「我知道哪裡不一樣」，最後進化成「這可以解決我的什麼問題」。

家長都期待孩子可以「享受閱讀」，甚至「大量閱讀」，這些都還不是「閱讀理解」。但所有長久的閱讀活動，都是奠基在孩子的「喜歡閱讀」上。

而「閱讀理解」，比引導孩子「喜歡看書」更講求方法的運用，從家裡的閱讀環境塑造、氛圍營造，到依照孩子性情的引導、尋求其他家庭成員的協助等，這部分我們在第四章會分享實例。

戰勝素養導向評量，不管哪科，都從「讀懂字」開始，「找到解決方法」為中繼，到「提出觀點來解決問題」做結束，貫穿頭尾的唯一武器，真的就是閱讀力了。

4 爸媽陪練素養題的三大心法

陪練素養題，對家長來說，初入門的心法有三個：心態、養成、實務。其實，所有的心法不管有幾招，最關鍵的還是陪伴和對話。

上一篇談到素養導向試題，對孩子與家長來說都是挑戰。其實，對老師們也是。全國的老師們，在過去這幾年間，被大量調訓和參與研習，學習怎麼「出素養題」。

素養導向試題不容易命題的原因是，需要與生活情境結合，而且也必須考慮學生的生活經驗。年級愈高，素養題的變化愈多，有的還會做不同學科／領域的結合，也更著重孩子的常識是否豐富。

素養題第一個特徵就是「題幹（目）超長」，國中教育會考或大學學測，題本都是厚厚一本，不是大量文字，就是變化多元的圖例、表格等。

之所以會如此命題，是因為要敘述清楚一個現象，得鋪陳很多脈絡或情境，才能順勢帶入要問的問題，所以字數比過去多很多，相當考驗閱讀速度和耐力。

素養題第二個特徵，就是「跨領域」。一道數學題，可能從科學故事切入，也可能從歷史角度入手。孩子的生活經驗或歸納能力愈來愈重要。

素養題的第三個特徵，就是題目中給的訊息，未必都是解題的要素。這點在數學題上更顯難度，因為不是所有出現的數字，都會在算式中出現。但有的解題要素，卻又不會直接給，需要孩子多思考一層再推導出來。

面對素養導向試題，首重家庭內的薰陶

綜上所述，面對深具挑戰的素養導向試題，爸媽要陪伴孩子建立的能力至少有三：閱讀力、生活體驗力，和釐清問題力。

三種能力的建立，都不是純粹的認知學習，老師在教學上會引導，但家庭內的薰陶和內化，卻顯得更為重要。

陪練素養題，對家長來說，初入門的心法也有三個：心態、養成、實務。

1 心態

素養導向題目已是大考必然，雖然它與所有家長的成長經驗完全不同，但請敞開心胸接受這世界趨勢，也請在孩子面前保持樂觀的態度。

如果父母抱怨「落落長的題目到底在問什麼？」或「搞什麼啊？數學不考公式、不考圖形，講一大堆歷史背景要幹麼？」之類，孩子自然也會產生排斥感。

未來素養題型的配分比重，一定是愈來愈高，所以不如抱持樂觀態度面對，順應世界趨勢陪著孩子往前走。

孩子從低年級升上中年級，定期評量（月考）有可能就出現素養題了，就像那時候水果姊也會回家抱怨：「好多字，我都來不及看！」

「哇，現在的題目好有挑戰性啊，果然是中年級，程度更高了。」我藉機稱讚孩子程度變好了，依水果姊個性，她會更努力鞭策自己去「適應」題型。

再看情況媽媽會介入「獻策」，至少可以幫忙孩子節省答題的時間：「題目字這麼多挑戰真的很大，愈來愈不容易了（表示對孩子困難的同理）。那這樣好不好，我們來玩快問快答，媽媽出幾個問題給你，但你要控制作答時間。如果短題目你都可以答得又快又好，長題目就有時間來處理了。」

2 養成

既然素養題重視閱讀速度和耐心，那麼，孩子閱讀「長文」的能力，就更加重要。

這一點其實不容易，因為社群上的訊息閱讀和吸收，其特性就是淺碟、快速、輕薄。甚至孩子刷短影片的時間，已經大過於閱讀文字的時間。「讀字」變得很難，更何況「讀很多字」。

但是，若要讓孩子掌握素養題，絕不能出現考試時才是他這段時間唯一「一口氣讀這麼多字」的狀況。建立讀長文的耐心，不如從好看的故事入手吧！有趣的情節，會讓長文降低難度，讓孩子在不知不覺中整篇看完。對於剛起步的孩子，爸媽別忘了誇張式的讚美，這會是下次長文閱讀的動力。

有些橋梁書推出一整套，爸媽可以買來當作閱讀長文的練習。內容難度的判斷標準，可以從插圖的比例多或少來看。若低年級開始要練習看長文，可以考慮為孩子挑有注音的版本，降低閱讀難度。

我一直告訴孩子，「享受故事」比起認出／拼讀每個字更重要。不需要在閱讀長文的過程中，嚴格確認孩子懂了每個字詞。確保孩子從閱讀中獲得開心滿足，是更重要的事。

另一個跟長文閱讀一樣重要的，是擴大生活經驗，與生活體驗後的親子對話。

雖然大人工作生活真的很忙，但仍要撥空跟小孩多聊天，分享彼此的生活。尤其在旅行時，可以討論時事，也讓孩子說說觀點。

孩子還小時，口語表達或許沒這麼流暢，說起話來思緒跳躍，詞句也不一定連貫。父母可以歸納孩子的話語，再說一次給孩子聽。這種潛移默化，孩子的口語表達會更有條理，思維會更清楚。

培養孩子建立看待萬事萬物的系統很重要，雖然這並非一蹴可幾，也很花費爸媽的時間和心力，但藉由談話，逐步確認孩子的理解程度、也構建孩子的歸納統整能力，長期來看，這項投資非常值得。

3 實務

「養成」，需要漫長的累積。但實務的技巧，在面對解題時可以省力一點。落落長的素養題，一大段落的文字確實不好理解。教孩子把文字線索「切分」、標小點，理出幾個重點，這樣就好懂多了。

通常，段落裡的「句點」，可以算是小結，作者講完一個小重點。一個段落，大概會有三至四個重點。把段落像是庖丁解牛那樣拆一拆，整段的理解，將會容易許多。

平常就可以練習拆解，隨手可得的短文（含報紙或雜誌），只要是符合孩子理解能力的，就可以拿來和孩子一起玩「拆段落」的遊戲。

或者，每次素養題發回來，不管孩子答對或答錯，都可以再次討論怎麼切段落。久而久之，孩子在評量（考試）時看到長文，也就會因為有拆段落的能力，而不這麼害怕了。

其實，所有的心法不管有幾招，最關鍵的還是陪伴和對話。邀請孩子找來閱讀素材、和孩子討論，及一起理解題目。

對爸媽來說，這也是一條新鮮的學習之路，畢竟我們不是考素養題長大的。對孩子說：「爸爸媽媽和你一起吧！我們一起來看看題目／我們一起來討論看過的書。」經年累月下來，孩子的學習收穫、親子間的親愛濃度，一定都能看得見。

5 避免粗心，提升應考素養

減少粗心，著重於平日的訓練與養成，透過幾個練習融入成平日學習的一部分，養成習慣，便能成為孩子的學習素養。

每次考試過後，讓爸媽碎唸的一個大項目，就是孩子的粗心。考前用心用力幫孩子複習的家長對此頗為受挫，因為講過、提醒過的地方，孩子仍然失了分。

「明明就是會的題目，你到底怎麼看的？」

「題目說對的打圈圈，你為什麼打勾勾？」

「你都算對了，為什麼答沒有寫？」

「你都算對了，為什麼答案抄下來會抄錯？」

……

家長百思不得其解的千百個小瑕疵，孩子在考試時就是會出錯，拿不到本來可以拿到的分數。尤其現在的考試題型，愈高年級愈重視在已有的認知上，做觀念或閱讀耐力的轉化，難度提高很多。若再粗心一下，掉分多可惜。

粗心，攸關學習素養表現

爸媽以為「粗心」只是一時恍神嗎？

其實不只如此，「粗心」和「實力」成反比。愈粗心的孩子，愈沒有具備學習或考試的實力。

我在教育現場長年的觀察，愈有實力的孩子，就愈會避開粗心的陷阱。或者可以說，一個有學習實力的孩子，相對在考試、學習或生活等事務上，具備更負責、系統思考、謹慎或承擔的特質。「實力」，也可說是孩子學習素養的表現。

這裡指的「學習素養」，其實是綜合評價，以面對考試這件事來看，包括了孩子準備的態度、讀題專心度和答題嚴謹度。甚至，平日的秩序感也是學習素養的一環（關於建立孩子秩序感，可以參考第一章第７篇〈孩子的系統思考與練習〉〔六四頁〕）。

避免粗心的六大策略

減少粗心，著重於平日的訓練與養成，那不是考前一句「題目一定要看清楚」就能搞定的事。就算是「看清楚」，在滿滿都是字的考卷裡，也是要教孩子方法的。

關於粗心的避免，透過以下幾個練習融入成平日學習的一部分，養成習慣，便能成為孩子的學習素養：

1 左手指（非慣用手）輔助

很多孩子讀題會有跳字、跳行的問題，尤其是低年級或閱讀經驗沒這麼多的孩子。要不然就是匆匆瞄過一眼，感覺平常有練習過，就自以為知道在問什麼的急急作答，根本沒搞清楚題目的敘述與提問。

有這種毛病的孩子，請他派出左手指（非慣用手）來輔助。手指著字，請眼睛跟著字，讓自己把題目確實讀完。這招對低年級的孩子很有效，偶爾我也會這樣跟高年級的水果姊說：「請你的左手出來幫忙指著題目吧！」

如果「用手指幫忙」還是不能避免孩子眼睛亂跳的狀況，拿尺一行行對著，眼球順著滑動也可以，請孩子沿著尺讀題。

2 圈出「關鍵字」

數學裡的「第」幾個、「共」幾個。請從「高到矮」、「大到小」依序排列。請把「不是」的「圈」起來……。以下符合的，請打「勾」（或請畫「圈」）……

很多時候，孩子既看懂題目，也理解題意，但偏偏因為「答題格式」錯誤而掉分。

平常在家裡做練習時，就讓孩子把關鍵字（訊息）圈起來。圈起來的目的是確認孩子有看到，或有接收到題目要求的訊息。

練習圈關鍵字，讓孩子的敏感度提高。

對於低年級的孩子，甚至可以放低標準，只要全部的關鍵字都圈對，就可以獲得一次小獎勵或親親抱抱。圈關鍵字需要練習，同時也提高專心度。

3 確認睡眠與健康狀態

這是很現實的問題，一個沒睡飽的孩子，他的腦袋就是處在疲勞狀態，要高度專注是很難的。只要一累，孩子的注意力自然渙散，要集中精神面對眼前的考卷，是很困難的事。

至於考前還開夜車做最後衝刺，我是覺得不需要。準備重在平時，考試前一天，把錯誤筆記看一看，收收文具，盡量早點睡吧！

4 簡化文具

「粗心」其實跟「分心」是一體兩面的兄弟，所以要突破「粗心」，先把「分心」打掉比較快。

平常就要請孩子在學習時，桌面除了書本及必要文具，其他東西（文具）先收起來。考試時當然更是，眼睛所見愈單純愈好。所以不要給孩子花稍的文具，那很容易變成導致分心的「玩具」。筆袋裡簡單裝著幾枝削好的鉛筆、一至二顆橡皮擦、一把尺、紅筆及藍筆各一枝，盡量單純化。量角器、三角板或圓規等物品，當次考試有需要再帶就可以。至於立可帶，若是中年級以上老師已經允許使用原子筆寫功課，也可以準備在筆袋裡。

5 陪孩子一起建立SOP

建立SOP，是一種秩序感的習慣。有幾項、什麼接在什麼之後、要留意什麼？孩子若養成習慣，也會回頭檢視所有該做的步驟，粗心機率自然小很多了。

舉例來說，數學應用題的SOP是：

A 列橫式（「=」後面的答案要記得回來填上）

B 直式計算（數字的位數要對齊）

C 寫答（算出來的答案不要抄錯、單位也要再次確認）

6 檢查與時間掌握

多檢查一遍，粗心可以少一點。

「檢查」，在家裡就要練習，爸媽的指令要清楚一點：檢查要怎麼做？檢查的重點要看什麼？檢查到什麼程度才可以？讓孩子熟悉這個步驟，成為一種習慣。

檢查做到多細膩，不同的孩子不太一樣。有的孩子要好說歹說，才願意耐住性子再檢視一遍考卷，有的孩子卻可以要求他仔細讀題，重新確認一遍。檢查是需要耐心的事，愈早開始愈好，但不要期待一步登天。

比如，我會提醒可樂果妹：「全部都寫完後，用你的左手幫忙，全部的題目再讀一次，然後看自己的答案有沒有寫對。如果這個大題檢查過了，可以在大題上面輕輕打一個小勾勾，代表檢查過一遍了。」

但我會對學習經驗比較豐富的水果姊說：「所謂檢查，就是要『完整』讀完題目，而不是自己以為題目是怎樣。你腦袋都以為題目是什麼了，有檢查跟沒檢查有什麼兩樣？」（她的毛病就是「後設認知」太強，題目常讀到一半就以為是自己想的那樣，然後就作答了，檢查當然也是這樣。）

當然，要能檢查，得有剩餘的時間，考試作答的時間掌握，也要經過練習。一定要早早讓孩子習慣戴手表，對「時間流動」有感在考試時很重要。提醒孩子，若遇到不會的題目，想了一下後還是無法解題，把題號圈起來，先往下寫，之後再回來想，不要卡在那裡。

以上六點，光要平日熟練就夠孩子忙了。但並不是說已經學會這六點的孩子，就絕對不會再犯粗心的錯誤。但是，機率可以大大減少。

培養應考能力，比得分多少更重要

孩子以手指輔助讀題時，在練習耐心；圈關鍵字時，在練習專注和判斷；建立SOP

時，在練習程序和步驟；學習檢查技巧時，在練習如何檢核……

這些全部融合起來，便是孩子的學習素養、綜合能力，這比他有沒有答對那一題或得到那幾分，更為重要。分數只是當次考試的事，但能力會跟他很久很久，以及陪伴著應付往後很多更大更難的考試。

藉由許多次的考試或練習，來讓孩子一遍遍反覆操作這些能力或技巧，然後把失誤漸漸降低，自己知道要避免什麼、在哪裡要小心，對自己的答題能預估，就算之後不小心再次粗心，也是一個小小插曲，不再會影響什麼。

6 成功或失敗，都要好好檢討

成績的結果只是一個數字，其實真的沒有很重要。重要的是，每次迎向這個結果的中間歷程和操作。換句話說，是做了或沒做什麼，造成最後的分數，這是需要找出來的。

「失敗」了要訂正，這道理每個學生都知道，但為什麼成功也需要檢討？升上高年級的水果姊，非常清楚媽媽相當重視「成績」，但她知道我看重的絕非分數或名次，而是在這階段學習的總和表現，包括理解、吸收、記憶，以及最重要的：學習態度。

陪伴孩子檢討歷程

記得某次月考水果姊表現得不如期待，她很沮喪，因為她自認已經盡力。

做為從旁輔助的媽媽，其實我也知道她付出很多努力，更清楚她花了多少時間，在假期裡放棄玩耍，認命又態度佳的複習功課。但我並不會只告訴她：「盡力了就好。」因為失敗才是絕佳討論的機會。

我抱抱她，和她談談：「為什麼都這麼努力了，還是得不到想要的名次？你覺得原因應該是什麼？」

她想了想，說：「以前這樣的練習就夠了，這次卻無法得到想要的名次，表示這樣的練習還不夠。下一次，我應該要早點開始複習，不能到考試前再來準備。」

孩子能在感到挫折的事上平靜分析，然後取得這樣的結論，我表示稱讚。

所以下一次，水果姊確實記取經驗，早早啟動複習。

在那段過程中，我不忘偶爾讚美她，但並不是讚美她練習過程表現好，而是讚美她願意為自己的目標，主動付出。

那次考試前一天，我得出差兩天。她很擔憂，因為每次考試當天的「信心之吻」與「細心之吻」都是必備。

我說：「那提早親吧！或許媽媽不在家，你也會表現得很好。」再補上一句安慰的話：「沒關係，你隨時可以打電話給媽媽，我沒有離你很遠啊！」

考後兩天，各科成績都公布了。

水果姊自己算一算成績，知道回到了滿意的名次。

回到家，從她眉飛色舞的神情我就知道了。

我說：「怎麼樣？心情很好吧？」

她笑嘻嘻的說：「心情超好的！」

「好吧，那我們來討論一下，為什麼這次可以有令人滿意的結果？」比起拿高分，我更希望她知道進步的原因。

「呃……運氣好？」她歪著頭說。

「哈哈，是啦，能有好成績，運氣確實很重要。」我追問：「那還有什麼作為，是你下次可以依循和再次複製的嗎？」

「嗯，運氣好之外，還要充分準備。」

「充分準備有點太籠統了，具體是做了什麼事？」媽媽我不輕易放過。

「每上完一個單元就要複習、把參考書裡可以用到的資料剪下來貼在課本上、錯誤的地方要好好的寫錯誤筆記。英文的話，每天都要背一點點，還要記得聽ＣＤ……」

她一口氣細數了許多拿到好成績的原因，這就是我希望她該有的「檢討」。

讓孩子能自己歸納原因

失敗了，固然是很多原因造成的。成功了，當然也是。在她當時十歲的年紀，保持學習的穩定其實就是最大的挑戰。

圍棋裡有一個很好的策略，叫做「覆盤」。就是在結束對弈後，會仔細重走每一步，以了解在哪顆子的哪一步出了錯，以至於之後逐漸擺於劣勢。

反之亦然。

成績的結果只是一個數字，其實真的沒有很重要。重要的是，每次迎向這個結果的中間歷程和操作。換句話說，是做了或沒做什麼，造成最後的分數，這是需要找出來的。

但是爸媽不必幫孩子「歸納原因」，而是要與孩子對談，讓他自己回想、建構、虛心面對，這才是屬於他自己學習的一環。

我指著一題被扣了兩分的數學填充題，誇張驚呼：「什麼？你錯這麼基本的題目！」

水果姊不好意思的撒嬌笑笑：「考試時我不知道自己在想什麼……」我也哈哈大笑沒有多說什麼。

人都有腦袋不清楚的瞬間，寬待一點，就如同她問過我的：「媽媽，你小時候每次都是一百分嗎？」呃……當然是沒有啦！

就孩子的考試來說，成功或失敗都是過程。成功了，可以為孩子的努力感到欣喜；失敗了，之後還有很多挑戰自己的機會。

但不管成功或失敗，父母和孩子所該看重的，是準備的歷程；要肯定的，是努力的軌跡。當然也可以感謝老天，如同水果姊說的，運氣也很重要，但更應期許孩子，在他走過某條路後，是跌倒還是採到甜美果實，都能知道「為什麼」。

然後，醞釀出下一次的策略，找到最適合自己的模式，讓學習有機會愈來愈進步。

7 終結親子作業戰爭

要讓孩子學會自己獨立為作業負責。花個一、兩年，陪他建立正確的觀念與處理步驟，這比作業拿滿分，卻每次都大呼小叫來得重要。

「你功課寫完了沒？」
「你到底要重寫幾次才能寫好？」
「你為什麼每次寫功課都不專心？」
「為什麼一點點功課你也要搞到這麼晚？」
「為什麼就不能夠自動自發，非要人家這樣盯著你才肯認真寫？」

這些催寫作業的句式，也是你我家裡的風景嗎？雖然我們不強求盯寫作業還得父（母）愛滿滿，但也不想劍拔弩張啊！

產生「作業戰爭」的原因

「作業」，常是很多親子間一觸即發的戰爭。但作業卻又是學習路上必然的存在，因為老師需要透過作業表現，評估孩子的吸收情況。

一位正常、沒卸責給安親班的老師，在作業上所花的時間心力，僅次於課堂的授課和之前的備課。因為作業要規劃、設計、批改、全體說明與個別指導，真的要花很多時間。

但又不得不出作業，是因為在體制內的教學，老師有其教學進度壓力，面對的又是大批孩子，而每個學生的理解和吸收程度未必相同，老師只好透過作業的表現來一一檢視自己的教學與孩子的學習。

家長一定理解作業必須存在的原因，而眾家父母公認盯寫作業的痛點，不外乎就是「拖拉散漫」與「不夠積極」吧！

所以，當孩子對作業沒有積極的責任感，拖拉的原因可能是「不太會」，也有可能是「我很快寫完，那會不會又有別的作業（或評量）要我做？」

如果是「不太會」，這個學習漏洞，父母師長有責任幫孩子補起來。但如果是擔心寫完作業，「新的作業綿綿無絕期」，那就是大人的問題。

每個人都想享有可自由支配的時間，但偏偏父母就容易有一種症頭，看到孩子閒閒沒事，就很怕他虛度光陰，非得塞滿滿才能安心。

在這樣的暗示下，當然孩子不會選擇積極快速的做完功課。因為省下的時間，也只是用來滿足父母更多的期待！

另外，孩子都是模仿父母長大的。若是孩子觀察到父母在很多自己的責任上，也是能拖則拖、不夠積極，很有可能就會學到這樣的處事態度。

解決「作業戰爭」的策略

這裡有幾個策略，應能稍稍減緩親子間對「作業」這件事的拔河與戰爭：

1 家長放下「必須呈現完美作業」的焦慮

監督孩子「認真」的完成作業，是家長的責任，但負責讓孩子把作業全部「理解」，就是老師的責任。家長理當配合老師，在家對孩子做適當的學習協助。但畢竟，作業是老師對孩子學習的掌握，家長不需要為了讓孩子「作業全對」，而搞得吹鬍子瞪眼睛。

2 設定合理的作業時間

跟孩子明白的說，每段作業時間不用長，但需要「專心」。可以參考番茄鐘的做法，例如每寫作業二十五分鐘，就休息五分鐘，而且要真正落實答應孩子的休息時間。同時承諾孩子，檢視成效的基準是專心，而不是完成或正確多少。這一點在低年級更為重要，「專心且負責」才是面對作業的首要態度。

簡單來說，可以不必「全對」，但在短短的五分鐘、十分鐘內，要能專心投入。起先時間不用長，讓孩子慢慢進步。

3 父母扮演好陪伴的角色

爸媽既然要陪寫作業，就先放下手機吧！但也不是眼睛盯著孩子，他寫一句，你喊一句。就坐在他旁邊，他寫他的，爸媽就看看孩子的課本、習作，利用這時間掌握他學習的內容。一個段落的作業完成後，陪他一起檢視，找出幾處具體稱讚他，也溫和的視情況引導他辨識出需要修正的地方。

但看著孩子的作業時，請不停向自己喊話：「孩子做得不夠好是正常的，放低標準，並想想自己的小時候吧！」忍耐住，千萬不要一直糾錯。

4 為作業「加料」，讓它變有趣

簡單的加料，就是結合家裡的獎勵制度，用正增強的方式讓孩子把作業當成可以克服並取得獎賞的挑戰。這對低年級孩子來說效果很好，爸媽可以善用。

稍微進階一點的加料，父母就要發揮創意了。尤其當孩子升上中、高年級後，自主性提高，要給他更高的規劃權。比如社會課學到臺灣各鄉鎮，給孩子一筆預算，請他設計連接幾個鄉鎮的旅遊路線，然後找一天，真的帶全家實踐孩子規劃的行程。雖然這個加料，作用不是發揮在那次作業本身，但卻會提升孩子對這個章節的興趣。隨心所欲的規劃，吃什麼玩什麼，自己既可以高度支配，花的還是爸媽的錢，中、高年級孩子一定喜歡。

5 把老師拉成夥伴

有時候孩子寫作業就是提不起勁，除了觀察是不是孩子自身問題，也了解一下，對他來說是否某一科挑戰特別高？

如果不是孩子自身的問題（如拖拉或易分心），父母就要細心觀察，是不是孩子的觀念一直沒有得到釐清，對這個單元（或學科）產生排斥，這時候，就該主動出擊和老師談談孩子在學校的狀況。

但請切記，不要用興師問罪的口氣指責老師沒教好，而是要用「一起解決問題」的態度，尋求家長與老師的合作。重點不是責備老師，而是讓孩子具備完成作業的能力。

父母還可以做什麼？

父母的修練是，不要孩子一寫作業，就忍不住吼叫責罵。把你對孩子的期待，切成十等分，「強迫」自己等待，只要孩子逐步前進，一一接近理想中寫作業的樣子，就該人聲為孩子喝采。

如果孩子怎樣教都聽不懂，也不要氣孩子怎麼這麼不受教，或許是因為我們想的教法還不夠多，那就再多想一種說法，或配合教具、圖例等（尤其數學），讓孩子能真正理解。關於教具，坊間有販售讓老師進行數學遊戲的圖板、棒條、魔術方塊等，有些教具還會搭配教學使用建議，爸媽有需要也可選購，在家裡跟孩子一起玩。

但若父母下班回家已經身心俱疲，真的沒精力再想很多撇步來讓孩子弄清楚（父母認為）「根本就簡單到不行的東西」，那就休息吧！寫聯絡簿請老師協助處理。不需要為了作業而破壞親子關係。

寫作業的態度，才是最高原則

我自己在陪伴水果姊寫作業的過程，非常在乎她的專心和態度。能專心，時間就不會拉長；而態度好，作業的表面效度就會高。這兩項都達標後，也會影響課堂學習與吸收，那作業的正確率就不至於太差了。

終究，要讓孩子學會自己獨立為作業負責。花個一、兩年，陪他建立正確的觀念與處理步驟，這比作業拿滿分，卻每次都大呼小叫來得重要。

作業，真的不用全對。但態度，永遠都是最重要的關鍵。

當然有一種教學資源叫安親班，那是雙薪家庭的福音。而安親班最大的工作與責任，就是要讓孩子作業不但要完成，最好還是全對。

但孩子的學習並不建議全部倚賴安親班。父母參與孩子的學習，掌握孩子的困難並支援他、清楚孩子的優勢並肯定他，你會得到一個更愛與你分享學習路上沿路風景的孩子。

孩子的學習，若能跟爸媽的愛與關心連結在一起，對孩子來說，是無比的安全感。

8 關於孩子的分數，該看什麼？

分數，很容易是親子關係的地雷。所以請轉化成親子間可以討論的話題，讓孩子願意找你幫忙和討論，也讓孩子相信你看重他甚於試卷上的分數。

有一天水果姊下課回家後，神神祕祕的跟我說有事情要跟我談，我說好啊，她還堅持要到房間談。

「你今天小考考不好喔？」根據以往經驗，她只有不想被妹妹聽到的內容，才會想約我去房間談。

「走啦，媽咪，我們進去。」捏著兩張考卷的她，羞赧的笑笑。

妹妹對我們預備要談什麼表示好奇，我跟她說：「姊姊有事想和媽媽單獨談，我們尊重她，你先在外面等，談好了媽媽會找你。」妹妹也體貼的沒跟上。

一進房間，水果姊趕緊鎖上房門，然後打開考卷，我瞄了一眼說：「哇，你創新低耶！」她尷尬的抓抓頭。

我說：「這兩個單元怎麼了？我們來看看哪裡需要幫忙。」

整個過程，我只跟她談兩件事：

1 就算是小考，考前有準備嗎？自認為準備充分嗎？高年級的社會與自然知識量更提高，不能只靠上課理解就去應考。

2 在媽媽初步講解後，觀念有清楚嗎？如果還似懂非懂，後續要做什麼自我努力？

比起分數，更重要的是孩子的「懂」

關於分數，總是家長揪心的一塊。大部分家長都很關心孩子的分數，分數漂亮的，想著怎麼讓孩子繼續穩定保持高點；分數不好看的，想著怎麼趕快提高；分數上下起伏的，更煩惱孩子出了什麼問題。

「分數」是否等同於「學習效果」？高低分要與自己的上一次比，還是與群體比？

在工業革命後，需要大批工人可以操作機器，所以「學校」的任務就是教出一批具備類似能力的學生，在標準化的課本下，學習一樣的知識與技巧。在那時候，「分數」就是透過一個群體中公認的標準，像一把尺讓學生分出等第。

二百年前這樣的劃分或許就足夠了，但現在講求個別化、差異化、素養能力的狀態下，分數就不夠全面的評價一個孩子的學習，也無法反映出孩子真實的能力。

所以，分數跟學習有關係，但彼此間卻是兩件事。客觀的說，分數跟學習可以互為參照。但若只拿分數來看孩子的學習，太過薄弱，還有可能抹滅掉孩子的其他能力。

我又想起水果姊的另一個故事。

她四年級時，有次自然科錯了一個題目：「星星就跟月亮、太陽一樣，在地球上的運行是東升西落。」這種宛如常識的東西，她竟然打╳！

我問她是怎麼想的，她的說法是，太陽是恆星，是不會動的，而且也不存在「在地球上的運行」這種動作。

這……

我們很直覺已經歸類是常識的東西，她卻可以在「字義」上鑽研這麼多，然後答錯、失分。而且爸爸還挺她呢：「她沒有說錯啊！」

像這種失分，就只好不在乎的讓它去了。

但比起分數更為重要的，是要確定她的理解。

我與她討論：「這題是要考你知不知道地球會自轉，所以題目應該怎麼出，才會呈現出你已經知道這個概念了？」

「星星就和月亮、太陽一樣，就身在地球上的我們看來，它們都是從東邊升起、西邊落下。」她想一想後說。

好吧，家長只好寬慰自己：孩子真的懂了。

該怎麼看待分數，才能幫孩子有更好的學習？

在學校裡，檢核學生的學習雖然較以往有更多變化，但有時候仍需要「打出一個分數」，讓孩子知道這一次評量中，他位處於群體裡的哪個相對位置。

所以，完全不看分數、或認為分數絕對不客觀，這是不切實際的，因為在體制內，分數就是一個衡量指標。

家長對「分數」採取什麼態度，攸關怎麼協助孩子的學習：

1 看分數，就要像看股票那樣看「趨勢」

如果是單科，不要只在意某一次的分數，而是要看孩子在整個學期、或整個學年當中，這一科目的學習曲線走勢。不同科目畫出不同的「線圖」，這樣就可以理解孩子的優勢和弱勢科目是什麼。針對孩子的困難給予幫忙，或聯繫老師一起協助，親師一起來，雙管齊下效果更好。

2 了解失分的原因

同樣都是九十分，A的九十分可能是計算粗心、B的九十分可能是無法理解文字題意、C的九十分可能是某單元的某個觀念完全不會。所以，只看分數的意義不大，了解孩子「失分在哪裡」、「為什麼失分」，該做什麼樣的補強（治粗心，或加強題意理解，或整個單元觀念重新釐清……），才是治本之道。

3 讓孩子試著總結學習經驗

不管是高分或低分，都要讓孩子自己很清楚，是做了什麼努力或準備才得到高分？是因為什麼失誤或欠缺才拿到低分？每次考後讓孩子對自己完成這個深度評量，產生了什麼理解，這是非常重要的自我建構。

人是經驗的動物，孩子也是；但與其讓孩子本能的去累積經驗，不如爸媽給點提示，一起討論。讓孩子透過自我對話後的察覺與省思，在每次考試後都能有所修正，這樣累積下來的，才是屬於他自己的獨特學習歷程。

把握每個分數背後的意義

扭轉「看待分數」的觀念，是家長該努力的。二〇一九年公布的國際大型考試PISA的評析裡，臺灣學生是全球最怕失敗的一群。孩子面對失敗的態度，與家長如何看待孩子的分數，有很大的關係。

看到孩子不盡理想的分數，有兩種反應極端的父母，一種是音量拉高八度：「這個不是教過？那個不是也寫過？怎麼還錯，你到底有沒有在記……？」另一種就是不怎麼在意的喔一聲，沒有繼續和孩子對話，轉頭回到自己的手機上。

一種過於嚴苛、一種顯得冷漠。嚴苛是孩子畏懼的火藥，冷漠則是造成孩子、家長與學習間疏離的利刃。過於嚴苛的家長，養出害怕失敗，甚至隱藏分數和學習困難事實的孩子；顯得冷漠的家長，則是直接暗示孩子：爸爸媽媽不在意你的學習。

玩遊戲，哪個孩子不想贏？自我滿足和成就感，絕對是人性。轉換到學習上也是一樣。所有小孩都希望自己學得會，所有小孩也都希望父母關注自己的學習。

那麼，在這兩個極端值中間，父母看到分數採取怎樣的反應比較好呢？我的看法是，重視分數，但請更重視產生出這個分數的原因與歷程。

孩子「為什麼」沒有拿到分數，比「分數的本身」重要太多了。孩子為什麼「失去二十分」的原因，比他「得到八十分」來得更重要。

父母面對孩子不夠好的分數，如果覺得情緒上升，就趕快想想他人生還有超過一百場考試，我們要讓孩子在經驗裡學到些什麼，而不是只記得挫敗。

看到發回的考卷，請孩子拿出「錯誤筆記」，把答錯的題目好好記錄下來，每次考後的自我檢視，都在建構孩子學習的態度和模式。若希望他漸漸進步，就請把握每次機會。

至於孩子的學習態度或困難，爸媽要不帶情緒的跟孩子聊，客觀說說之前發現的：

「在這次準備考試中，有幾次媽媽覺得你寫練習時不是很專心，例如〇〇跟××。你可以跟媽媽說一說，你那時候是怎麼想的嗎？」

「現在都考完了，我們來盤點一下，有哪些事沒做到？」

「錯的這個觀念，之前我們就討論過了。但好可惜，這次還是錯。你說說你的想法給爸爸聽聽看好嗎？」

過去的事談過也檢討過了，接著就可以在這基礎上，找合適的機會和時間談談未來：

「之前很累的時候，就沒辦法專心寫練習。下一次，試試看假日睡飽一點再來寫，這樣就可以比較專心了，對不對？」

「上次考試前剩下很多練習來不及做，我們一起來規劃到下次考試的時間，怎麼安排練習才不會太趕？」

很多話語的引導，其實要建立在「孩子自己想要」的基礎上，他想學習好、表現好、考好。父母多說鼓勵的話、提示學習的方法、賦予期待、強化信心，會比暴怒、責備、處罰，甚或激烈的言詞，來得更有效果。

分數，很容易是親子關係的地雷。所以請轉化成親子間可以討論的話題，讓孩子願意找你幫忙和討論，也讓孩子相信你看重他甚於試卷上的分數。要期許自己是個孩子考爛也願意主動和你討論、尋求幫助的爸媽。

但願這些因著分數而來的親子對話，扣緊著親子間對學習的共同目標、爸媽的關懷，及孩子自己對學習的期許。

9 怎樣獎賞，才能激勵進步？

不讓獎勵變成一種縱容，只為了短時間內的有效和成果。發自內心的設立標準、自我期許、為自己努力也替自己打氣，才是爸媽師長應該帶給孩子的能力。

曾有一個這樣的故事。

有一群孩子在某位老先生家門口玩耍喧鬧，讓老先生十分困擾，但老先生的做法不是出來驅趕他們，而是與孩子約定：「如果明天還來玩耍，每個人發一百元。」孩子們驚訝又開心，玩還可以有錢領。

隔天，老先生確實遵守諾言。但發完錢後，老先生說如果明天再來，每個人改發五十元。孩子有點失望，但總比沒有好。

隔天，老先生確實給每個孩子發了五十元。但他同時也跟孩子們說若是明天再來，每個人發十元。

這時候孩子們聽了大失所望，獎勵金一直在變少，那明天不要來了吧！

這就是一個使用「獎賞」，但逐漸弱化孩子行為的例子。

保護孩子的「內在動力」更重要

在教室跟家庭裡，我們常看到「物質獎勵」非常快速有效，甚至立竿見影。但終究，物質獎勵就和處罰一樣，都是控制的手段，希望短時間內改變對方的行為。

老師和家長都知道，過度的規訓和懲戒是不好的，因為高壓會使人喪失自信，懷疑自我能力，甚至將心力花在如何躲避被罰或蒙混過關。

所以一般人，包括企業、團體，較常以正面看待「獎勵」，包括各式物質和口頭嘉許，就是希望對方在獎勵制度下，能把事情做得更好。

組織裡難免需要制度，但在家裡，親子間是一對一，或一對少的狀況，父母的物質獎勵或口頭表揚，很多時候會弱化孩子自我的內在動力。父母對學習的獎勵，常可能給孩子錯誤的暗示：「爸媽比我更在意分數」、「我只要做到爸媽的標準就好」、「反正就讀吧，獎品還不錯」。

本來父母為學習設立獎勵的初衷，是為了讓孩子感受到「因為有好好學習」而獲得獎賞；卻變成「為了獎勵，所以我只做完可以得到獎勵的事就好」，這就本末倒置了。尤其更糟的是，事先允諾的獎勵，會讓本來很好的一件事，變得沒有價值。如果跟孩子說：「你讀完這本書，媽媽給你五百元。」這其實是暗示了書不值得「主動」喜歡，所以才需要靠「五百元」來鼓勵閱讀。

比起鼓勵孩子努力贏得獎勵，更需要珍惜的，應該是保護孩子的「內在動力」，甚至讓他自己產生、自己鞏固。

不讓獎勵影響孩子的自我期許

其實，水果姊學習若有好表現我也會獎勵她，但並不是「事先約定」。不需要事先約定，讀書是自己的事。

父母的責任，只在於協助孩子對讀書考試產生自我責任感與自我期許。父母該做的，是維護孩子的自我價值，重視努力的點滴甚於最後的分數。

我可能會端出的意外獎勵，通常會是：「這次考試的準備態度很好，媽媽某一天下午請假，我們兩個人單獨去約會吧！」或「你上次提到的那本小說，媽媽等等上網訂購，慰勞一下你最近的辛苦。」

意外之獎勵，會產生更多喜悅。

「鼓勵」當然很重要，但「獎勵」的運用就必須要留意。任何人為了自我期許而做的努力，才會長久；若是為了爸媽設定的獎勵而努力，那下一次呢？我們無法在孩子的一生中，沿路設立獎勵。

錯誤的獎勵方式會帶來缺點，那怎麼獎勵才比較有效？既能表達出我們對孩子的肯定與欣賞，也能持續維護他的內在動力：是為了自己，而不是為了獎品。

畢竟，人與人相處，就算是親子或師生之間，能合宜的表達善意、關心和鼓舞，都是美好的交流；板著一張臉的斯巴達教育，很容易挫傷想要積極的熱情。

五個有效獎勵的建議

關於如何獎勵，從心理學角度上有幾個小策略，或許可以參考評估：

1 不要讓獎勵變成條件，避免事先許諾

讓孩子在事後獲得意料之外的獎賞，純粹是爸媽為了肯定「努力的過程」而給的，避免讓孩子產生「因為有獎賞，所以我才要做這些事」的錯誤認知。

2 可以讓當事人決定，他在努力過後想被獎勵什麼，或想以何種方式進行

這當然可由大人限縮範圍，但在獎勵上若孩子有若干選擇權，他得到的滿足會更大。

例如，我可能會說：

「你這次面對考試的態度很積極，也很主動，做錯誤筆記也踏實認真，所以媽媽想嘉獎你一下，以下三個獎勵可以選一個：

A 一個下午跟媽媽單獨約會，就我們兩個而已喔！（獨特性）

B 在某個日期前，可以任選兩個假日，小說盡情看到飽，媽媽不會限制。（自由度）

C 連續三週媽媽全程陪你做英文作業……之類的。（專屬性）

3 讚美「過程」，但不要讚美「個人」，也不需讚美「結果」

肯定過程，是因為要讓孩子更關注過程中他做了什麼；不刻意肯定結果，是因為不讓他糾結於最終的分數或勝負。

4 不要因為設置獎勵，而讓孩子與手足間產生比較

千萬不要因為執行獎勵，而產生比較或嫉妒。

可樂果妹還小，所以媽媽給姊姊的「獎勵」，有時候她會很羨慕，也會想要，尤其是媽媽專一的陪伴（還有可以被「予取予求」的特權）。可樂果妹有時候會紅著眼睛撒嬌的抱怨：「媽媽就對姊姊比較好……」

我會耐心跟她說，因為姊姊什麼事上很認真，媽媽覺得付出認真不容易，所以想獎勵她。我告訴妹妹，她也可以在自己的事上專心和盡力，媽媽一樣看得到（但即使這樣，我也不會事先承諾她會得到和姊姊一樣的獎勵，因為她不是因為要被獎勵才做好，不過媽媽保證會隨時給她最高的關注）。

5 如果是口頭獎勵，要真誠且具體

其實「具體」有時候有點難，就是想不出來有什麼好誇的，尤其老師面對本來已經荒廢到不行的學生，捏緊了大腿就是想不出來可以說什麼，他努力去做到的表現，其實就只是一般學生的最低水準……

這些老師的難處很容易理解，但就因為老師是教育專業，所以一定有方法看見孩子願意嘗試放出來的微弱光亮。「被看見我有努力／改善」，對孩子的自信來說，無比重要。

懲罰（輔導管教），是門困難的學問；獎勵，也不亞於前。我們盡力不讓獎勵變成一種縱容，只為了短時間內的有效和成果。發自內心的設立標準、自我期許、為自己努力也替自己打氣，才是爸媽師長應該帶給孩子的能力。

每個孩子性情不同，在鼓舞獎勵的做法上，當然要有所調整和斟酌。但培養、增強、維護他的內在動力，是孩子能持續進步的根本之道；因為終其一生，不是父母、不是獎賞，而是他的內在動力，陪他一起走。

10 有效學習的工具

從書本取下合用的資訊來協助學習，進而自己也能架構或整理；最後，透過心智圖來盤點、檢視自己已知的，組織出一份專屬自己的整理與理解。

當爸媽師長的，總願意提供孩子適當的方法，就是希望孩子的學習之路可以少點波折，順暢一點。在小學的扎根時刻，建立好的思維與習慣，甚至是熟悉工具的使用，對往後逐漸加深、加重的學習，是很好的起步。

「成長性思維」，及面對成功與失敗都該好好檢討的重要性，我們在前面第三章第6篇〈成功或失敗，都要好好檢討〉（一七九頁））討論過。我們也期待孩子在父母的耐心與陪伴裡，找到自己好的學習習慣，包括製作個人的錯誤筆記、面對素養導向評量的方法、考場上的素養力等。

而工具使用的部分，在小學階段我推薦「剪書」和製作「心智圖」。

剪書？書可以剪嗎？書是拿來讀的，還要畫線和記誦，不是應該保留它的完好如初嗎？剪了之後，書就不完整了，怎麼辦？

其實，參考書內整理過的表格，當然可以剪，剪下來後還可以浮貼在課本上輔助理解和記憶呢！不只是表格，參考書有許多額外的整理，對於協助孩子歸納所學的內容，在初期有很大的幫助。

從善用資源，到自己歸納學習重點

我們都知道，新課綱裡的「素養導向評量」早已成為大考趨勢。以社會科來說，考題趨勢就是長篇大論，有時候還要跨領域，對學生的挑戰勢必愈來愈高。

善用參考書內的圖表，甚至之後自己要能在歸納重點資訊後製作圖表，是學好社會科的必經之路。

水果姊四年級時，我就啟動了她的「剪書學習之旅」。

以下是五個引導的步驟：

1 讀完課本後，讓孩子在做練習題目前，看看參考書的整理。

2 和孩子一起看過參考書內整理的表格或圖例，再次加深對課本內容的記憶（做這件事是要讓孩子感受「讀一堆字」，與「看一張表」的效果與差異）。

3 「這表格整理得很好對吧？剪下來，貼在課本上相對應的地方。」我第一次這樣說時，水果姊瞪大眼睛看著我，不可置信。

「這樣的話，到考試前，只要複習錯誤筆記和課本就好，參考書就不用再看了。」

我繼續說著，同時把剪刀遞給她。

「以後上了國中、高中，要把重要的資訊整理出來，累積成自己的寶典，不管是重點還是曾經錯誤的地方，考試前沒時間唸，複習寶典就可以了。」我不忘補充著。

4 剪下圖表「浮貼」在課本上相對應那頁的空白處，記得不要遮蓋課本上的內容。

水果姊問：「媽咪，參考書正反兩面都有我想要的內容，怎麼辦？」

我回答：「不太可能買兩本，所以你保留想剪的那一頁，背面那頁，就自己畫或謄寫到課本上合適的地方，或者寫到『錯誤筆記』上。要不然，也可以影印、掃描列印，或用手機拍下來，然後把那張照片貼到 word 檔列印出來。不過，我建議手寫，更能加強印象。」

5 「以後升上高年級，要唸的東西更多，懂得善用參考書已經整理好的東西，看多了就會自己整理了，這才是最終要學會的能力。」媽媽不忘嘮叨最後一句。

我們常常說，給孩子魚吃，不如教會孩子怎麼捕魚。「剪書」，甚至「拆書」，只是為了蒐集資訊的一種方法。去蕪存菁，然後把資訊收整進合適的地方，以供未來取用參照，這是很值得學的技巧。不要再把心力用在盯孩子把社會課本背得多熟，而是讓他知道哪裡可以「找到資訊」，然後「歸納整理」起來，有利於「相互印證對照」。

未來的世界，評量孩子的已不是純粹的記憶，而是孩子要能提出價值判斷，也要能論述自己的觀點。「價值判斷」和「觀點論述」需要很長時間的養成。沒關係，就從會找合適的資訊、勇敢的取下來、再置放到正確的地方開始吧！

整理思緒的好工具，首推心智圖

另一個整理思緒很好的工具，首推心智圖。

心智圖可以幫助孩子把原本雜亂無章的思考圖像化、分類歸納，甚至協助整理思考、儲備材料，進而釐清脈絡。更重要的是，心智圖很好理解。

不管是整理所學或訓練寫作，心智圖是很好的思維練習工具。

大人的後設認知能力比較強，很容易就能把各式素材、資訊按前後順序和轉折連結擺放，也順便在腦袋裡形成輪廓。但孩子不一樣，他們的認知需要引導和練習，才能逐漸建立全局觀。

在唸書或寫作時，就像玩扮家家酒似的，請孩子把各種「材料」擺出來，用說的或用接的，跟爸媽分享脈絡。最好是從一個中心概念，依孩子的順序向外逐一發展。

以國語科來說，最簡單的心智圖做法，就是將這一課的名稱做為核心，從核心拉出來的第二層是這一課內容的主要段落，也就是課文大意。從段落再延伸的第三層，不外乎就是該段落內課文理解的部分，也包括了字詞的認識、句子的延伸變化等。

孩子一邊畫心智圖時，其實也一邊再度進行整課的全面檢視，大腦裡也做一次爬梳。「讓學習可視化」，讓孩子具體看出他能整理出什麼，所以畫心智圖是很好的學習方法。

作文的練習也很適合運用心智圖。以遊記來說，第一層是題目，第二層可以用「人事時地物及特別經驗」六大向度來分，第三層就把六大向度的素材一一擺進去。等到心智圖畫好後，只需要使用適合的連結詞句，就能完成這篇遊記。

讓孩子從小事件練習起，學會以「全貌」的視角看待一件事。或許起先資訊是破碎不連貫的，但沒關係，心智圖的起步就是想到什麼就寫／畫下來，完成心智圖就是整理、發散，然後再聚斂思維的過程，這是孩子逐步建構知識體系很好的工具。

不怕失敗的成長性思維、從書本取下合用的資訊來協助學習，進而自己也能架構或整理；最後，透過心智圖來盤點、檢視自己已知的，像大腦突觸般一一連結所有素材，組織出一份專屬自己的整理與理解。認知，在孩子心中的宇宙形成，這是一幅美麗的學習圖像，真實的屬於他自己。

11 學習，只靠老師已經不夠了

孩子對於學習的啟動、推進、涉獵、組織，已經不只是課堂上的事，更多的來自本身的內在動力和積極性。

睡前陪伴時光，水果姊靠著我，低聲說：「媽咪，我覺得這次月考我好像沒有準備很充分。」（她後天月考。）

「我也這麼覺得。」我淡淡的回應她。

「媽咪！」她抗議的小聲叫了一下，哈哈，我想她是想討拍，而不是媽媽繼續潑冷水。

「好啦，媽咪開玩笑的。」我正色一下，溫柔的跟她說：「剛上高年級的第一次考試，你就把它當成建立基準，透過這次考試，你下次會更知道，是不是需要再更早開始複習？或者，甚至有些科目，得在老師教之前就先預習了。」

她在黑暗裡點點頭，沒有像前幾天那樣抗議。

前幾天是這樣，水果姊跟我說（抱怨？）哪一科的什麼地方老師都還有沒上到，但下週就要月考了。

我沒有隨她起舞（說老師怎麼這樣那樣），反而用發現新大陸的口氣說：「你知道現在最流行的是什麼嗎？自學喔！你下次可以實驗看看自學的效果。」

當天，她很抗拒這樣的觀念，認為老師應該都要全部教過、教完，才能考試啊！

「是啦，或許你以前的經驗是這樣，考的都是老師教過的範圍。但你未來的學習範圍會愈來愈大，很多你以為老師沒教的，也會考喔！」我繼續這樣說，但她有點不服氣。

「自學沒有你想像的可怕啦，就是自己先讀過課本，心中有個大概的輪廓。又沒有叫你自學就要成為專家，而且上課還可以再聽一遍。」

為了給她信心，再補一句：「你還有媽咪，別擔心。雖然媽咪也有很多不會，像你那個自然我大概就不太行了，不過我們還有參考書和網路呀，安啦！」

這個世代的孩子，如果學習「只能」依靠老師「有教」才會，那真的遠遠不夠。未來的評量趨勢，強調跨領域、多文本，但老師也不是科科精通啊！尤其到了國中以上，分科專業更明顯，學科能力之間的連結和呼應，還是要靠孩子自身去理解和建構。

老師可以像教練，提供很多素材或練習，或者擔任解惑的角色；但都要仰賴老師得教過才可以，那已經不夠應付各種評測了（舉例來說，國中教育會考國文科試題中出現的文本或內容，沒有在任何一家版本的三年國文課本中出現過）。

孩子對於學習的啟動、推進、涉獵、組織，已經不只是課堂上的事，更多的來自本身的內在動力和積極性。

「學習，是終其一生的事；所以學習怎麼學習，就會是人生在世最重要的能力。」這是我期許自己盡力去做，也想帶給孩子的觀念。

藉由每次關於學習的親子討論，帶入一點點爸媽的價值觀。就算這次月考表現不盡理想，我想也會是一個不錯的契機，至少會開始思考，自己什麼地方不足？

「遇到狀況知道怎麼調整、找出策略、盡力去做，然後懂得逐步修正」，這比孩子拿了滿分，更是令我期待的結果。

滿分只有一瞬間，但能力卻能陪伴一輩子。

12 什麼事比學習成效更重要？

我們不是要孩子背得更多、考得更高，只有「我做得到，而且得到樂趣」的學習才能長久。更重要的是，透過學習，讓孩子看到自我價值，喜歡也肯定自己。

這一章我們談了好多學習策略，包括錯誤筆記的製作、訂正的方式、面對素養題的準備、如何降低粗心、怎麼進行獎賞……期待孩子喜歡學習，並在學習中獲得成就感，是每個父母的期望，相信大多數父母也會盡責的陪伴。

不過，學習表現如何，都比不上「孩子過得快樂」來的重要，尤其是疫情瀰漫全球的這兩年更是如此。疫情的擴散與變種，世界各地封城與幾近鎖國，人類過往許多相聚合作的型態，都轉為線上，人我相處本有的互信與樂趣，變得陌生遙遠。

人生先有快樂，才有學習

兒童福利聯盟二〇二一年公布一項調查數據：「疫情時代下臺灣兒童幸福感調查」。從公布的數據來看，休息不夠、沒自己的時間、感到課業壓力等，都帶給孩子壓力或負擔：

1 沒有在生活裡感到快樂（二十一・八％）
2 休息與休閒時間不足（三十三％）
3 晚上七點以後的時間才屬於自己（六十六・四％）
4 感到課業壓力（八十二・五％）
5 COVID-19 讓我感到煩惱（四十一％）

除了上面的數據，其他需要關注的是，對孩子而言，與幸福感最有關係的選項是「學校氣氛與同儕互動」，其次才是與家人相處關係。

另外有將近一成的孩子感受不到家人相處的幸福，也有將近兩成不覺得家長有聽進他們的心聲。

新世代的父母用心於教育，給孩子積極安排各種學習，但卻少了許多親子交流與對談，和對孩子更多的傾聽，甚至不容許孩子有「空白時間」，這些都是孩子的壓力來源。

仔細閱讀這份調查報告，我也微微冒了冷汗。記得孩子剛出生時，我們對孩子的期待很單純微小，「平安健康」就好。

但當他慢慢長大，各種能力也隨著成長而漸漸成熟時，我們就會在不知不覺中加入很多期待，而忘了為人父母的初衷其實很簡單。

這些「期待」後來一點一滴形成各式各樣的「要求」，也成為讓孩子變得不快樂的原因。我們給孩子的自由時間愈來愈少，因為怕孩子怠惰學習；我們不讓孩子自在的玩，因為怕他課業落後。根據這份調查，孩子感覺自己的自由時間太少，四分之一的孩子每天能自由放空的時間只有一小時，超過三分之一的孩子希望玩的時間能再多一點。

我們知道運動可以產生腦內啡，帶來快樂。但調查中，有三分之一的孩子平均沒有達到一週運動兩次以上，活動量明顯不夠。但手遊花的時間卻又太多，這次調查中，十二歲兒童每週玩手遊平均高達十六小時（這表示平日和假日的空閒時間，統統奉獻給手機）！

疫情肆虐全球的這兩年，全球民眾的生活都受影響，兒童在場館關閉等種種限制下，可以外出玩耍和休閒的機會比以前少很多，這對重視「玩、樂」的兒童而言，無異雪上加霜。

加上線上教學讓使用電子產品顯得理所當然，所以更高比例的時間投入手遊的懷抱。

但玩手機並不會帶來穩定的心流體驗，對孩子不是健康的娛樂選擇，這部分在第一章第9篇〈給與不給，新世代的載具學習〉（七七頁）討論過。

然而，若大人不放下手機好好陪伴孩子或是做為不被手機控制的示範，就很難約束孩子的手機使用。

老實說，我也被孩子提醒過。

可樂果妹：「媽咪，你有時候沒有禮貌。」

聽聞此言我嚇一跳：「沒有禮貌？哪時候？」

「有啊，我們跟媽咪講話時，你會滑著手機只跟我們『嗯！嗯！』」

「唉呀，真對不起，媽媽下次會注意。」我完全不敢辯駁，工作的聯繫根本不是理由。

「要記得放下手機，眼睛看著我們說話。」可樂果妹繼續「訓示」這個因為手機而忽略她的媽媽，而我只能尷尬的笑笑承諾會改進。

這樣的對話給我一份警覺：不管孩子大小，他們都需要大人專心的、高品質的陪伴。當他們討不到父母的關懷與專注時，自然就是轉向手遊。但只有與父母手足或是同儕，有人與人之間真誠的互動，才會是快樂、穩定感與安全感的來源。

自我效能感帶來快樂

全世界都在進行教育改革，紛紛把「未來的能力」及「如何與ＡＩ或其他人合作」列入重點項目的同時，印度卻在教改新課綱把「快樂」納入必修。根據統計，在二〇一四到二〇一七年的三年間，在印度平均每天有二十六名學生自殺，其中四分之一和考試壓力有關。印度青少年自殺率，也位居東南亞各國之首。

雖然印度的課綱納入「快樂」，後來實施並不是太順利，因為缺乏具體的課程及進度規畫。但至少有國家關注到「孩子們普遍不太快樂」這件事，並且納入教育體制的一環去積極改善，正向的效應一定會慢慢擴散。

再看看東北亞的日本，在緊繃的防疫措施中，中小學生的自殺率也比過去同期上升，原因除了本來就喘不過氣的考試升學壓力，很多活動因為防疫而停辦、學生無法透過活動認識新朋友，或長期遠距線上學習造成的疏離感，都容易讓孩子產生「原來我毫無存在價值」的想法。

別說孩子了，大人若長期陷在「我的存在沒有價值」的思維中，哪能不崩潰？

避免孩子有這樣的感受，就要創造他的快樂感與價值感。而在中小學階段，孩子快不快樂、有沒有感受自己「有用」，主要取決於學習、同儕和家庭關係。

學生每天待最長時間的地方是學校，學習狀況是否順利愉悅，面對學業是否具備信心與挑戰的勇氣，是決定他快不快樂的主要原因。同儕間的人際關係與家庭氛圍，則是另外兩個影響的關鍵。

科學上是這樣解釋的：快樂（幸福）的來源，是腦內分泌「多巴胺」這種物質。最容易分泌這種物質的時刻，就是願望被滿足，或「我可以」、「我能夠」、「我做到了」的自我效能感出現的時候。

讓學習成為一件好玩的事

學習，就是一種促進多巴胺頻繁分泌的方式，因為學習帶來的自我成長或累積正向感受，是學生最容易經歷的時刻。

「哪有這麼簡單？最容易讓我家孩子受挫的，就是學習了！」大概會有很多父母想這樣抗議吧！

那就把學習拆成「極小、極容易成功的步驟」或是「把學習遊戲化」吧！

舉例來說，為什麼要讓孩子面對一張白紙寫作文呢？孩子既無從下筆，家長也只會氣孩子為什麼寫不出來。

爸媽可以找一篇有趣的故事，把內容分段剪下（若捨不得剪書，可以試試報紙，或在網路上找合適的文章或故事列印出來），跟孩子說我們來重新組合故事吧！或者跟孩子說，這裡有好多情節，我們來組合出一個好笑的故事吧！更進階的，在原本的情節下，親子一起來鋪哏想出更天馬行空的旁枝。

作文不是瞪著白紙產生的，而是聊出來的。

數學也是。

為什麼要給孩子很多數學試題，就為了精熟某個單元的加減乘除呢？帶去賣場繞一繞，或者出門旅行一趟，父母可以設計出很多情境，數學就是要放在生活裡玩呀！生活裡處處皆數學，數感在聊天中建立，先把它當好玩的遊戲吧！

閱讀也是。

為什麼丟給孩子書叫他閱讀，就只是因為不想讓他玩太多手機呢？父母自己放下手機，先把書看完，然後告訴孩子，這本書好好看，爸媽先講一段好笑的給你聽……。讓孩子自然而然上鉤。如果父母自己不看書，如何期待孩子喜歡閱讀呢？

做這些事，都是為了讓學習變得「好玩」。

之所以要創造好玩氛圍，就是希望孩子在學習中獲得快樂，在快樂中進行學習，成為正向的循環。我們不是要孩子背得更多、考得更高，只有「我做得到，而且得到樂趣」的學習才能長久。

更重要的是，透過學習，讓孩子看到自我價值，喜歡也肯定自己。幫孩子找到適性的學習方式，讓他在愛裡感受自尊自信，可以大幅降低學習帶來的壓力。父母再以好玩有趣的歷程，與不難獲得的小成就，持續鼓舞並確保孩子在愈加挑戰的學習之路上，仍能充滿自信的一次次再出發，告訴自己「我可以」。

這份充滿勇氣的「我可以」，將伴隨孩子在父母無法繼續同行的未來，仍能走上一條專屬於自己的學習之路：不只是看重成效或分數，而是能從中獲得滿足成就感的快樂與自我價值。

第四章 × 素養，閱讀裡浸淫

認知深化與閱讀素養

1 如何讓孩子自動自發閱讀？

除了為孩子提供「有書本的環境」、「有趣的故事」，很多父母也會去學習怎麼說故事、怎麼引導孩子喜歡閱讀的種種方法；但是不可忘記，我們當父母的必須要為孩子提供「想模仿的身影」。

我們家常有這樣的對話：

「你要不要拿本書來媽咪旁邊坐，我們一起看？」這是我常對可樂果妹說的話。

「我可以不要看書嗎？我想畫畫。」大字還不識幾個的她很常這樣回答我。

「但媽咪想和你一起看書耶，等一下媽媽去忙時，你再畫畫好嗎？」不放棄的再邀請一次，還好可樂果妹很貼心，幾乎不會拒絕媽媽。

我想陪可樂果妹看書，也想讓她陪媽媽看書。我更希望孩子養成習慣。我想讓他們知道，閱讀，是家裡很看重的一件事。

「看書」和「陪伴」，在幼年閱讀時，幾乎是綁在一起的。靜下心來面對紙本，進行一場包括讀入、理解、吸收等忙碌又複雜運思的大腦活動。尤其在 3C 活動過於頻繁的現代，閱讀變成需要花時間特別呵護的事。

「看書」、「有耐性看書」、「覺得看書有趣」、「想要自己去看書」，每個都是不一樣的挑戰，層次愈來愈高，也愈來愈困難，絕對不是隨手遞給沒有豐富閱讀經驗的孩子一本書，他就可以自主完成的。

自動自發閱讀的關鍵，是模仿父母

我在臉書粉絲專頁寫作以來，常接到許多媽媽來訊，討論關於閱讀的問題。或許是問有沒有推薦的書單、或許是問怎麼引起孩子的閱讀興趣，還有許多媽媽問，如何讓孩子自動自發去看書？

我們試問自己，什麼事會讓我們甘願暫時不滑手機或離開追劇的鬆軟被窩？那一定是很喜歡的事。喜歡到不惜投注時間精力甚至金錢，「自動自發」去做。

所以如果要讓孩子「自動自發」閱讀，那就讓他發自內心喜歡這件事。

怎麼讓孩子打從心裡喜歡閱讀？環境、方法、典範，缺一不可。

除了為孩子提供「有書本的環境」、「有趣的故事」，很多父母也會去學習怎麼說故事、怎麼引導孩子喜歡閱讀的種種方法；但是不可忘記，我們當父母的必須要為孩子提供「想模仿的身影」。

這意思是說，當父母手機不離手、眼睛不離劇，卻又期待孩子抱著書本，享受當中的黃金屋，這是對孩子的苛求，也是不切實際的期待。

帶著孩子逛書店，告訴他，這裡（書店）是爸爸媽媽很喜歡的地方喔！指指家裡的書架空間，說：「這一格以後專屬於你，你喜歡的書都可以拿來放這裡，媽媽的書在你旁邊那一格。」父母看書時，拍拍旁邊的座位，輕聲說：「拿本你喜歡的書來坐媽媽旁邊。」

孩子都是靠著模仿大人長大的，爸媽每一句關於閱讀、書本的話語，會傳遞到孩子心裡：「閱讀，真是一件好棒的事，因為爸媽常常在做。」

父母挑書、買書、讀書、談書，這些父母跟書親近的畫面，都會成為一幅幅影像，留存在孩子的腦海。更甚者，父母環抱著他一起讀著書、說著故事的溫暖，也會種在孩子心裡，成為他對閱讀的印象。

全家大小，都和書當朋友

「書」不等於「學校的功課」，或另一件「作業」。它如何存在於孩子單純、單薄的世界觀裡，端看父母賦予「書」和「閱讀」什麼樣的角色：書，如果是父母的朋友，這個家的朋友，自然也很容易成為孩子的朋友。

但若哪一天，書也成了孩子的朋友，他可能會反過來，「督促」爸媽好好讀書呢！就像現在水果姊最愛消遣我：「媽咪，你買了這麼多書，到底有沒有看啊？」換成我抓抓頭不好意思的說：「唉呀，讀書速度比不上買書速度呀，你不知道有一種症頭就是書買來就以為讀完了嗎？」

水果姊會用又好氣、又好笑的表情「糾正」我：「媽咪你這樣不行啦，要認真一點。」當年是我哄著她：「這本書很好看，滿緊張刺激的，你待會出門要不要帶這本，等餐時可以看一下？」

現在是換她催著我：「媽咪，這本書超好看，你趕快看，我想和你討論。」

讓孩子「自動自發」愛上閱讀，沒有他法，我們做給孩子看、陪著他一再一再練習「自動自發」的閱讀，就是了。

閱讀力，未來的重要能力

讓孩子重視閱讀，絕對不是只為了符應新課綱下大量跨領域的素養考題。雖然要在各科考試中占有優勢，閱讀的確是個好工具，但那只是閱讀的功能之一。具備閱讀的「能力」包括：蒐集、分類、判讀，與篩選資訊。這會是未來優秀人才必備的特質。

以及最重要的，滋養與豐潤生命、愉悅及滿足自我，閱讀是位一生相伴的好友。

父母能給孩子的其實有限；但做為夥伴、引導、激勵與安慰，閱讀可以兼任這些角色與力量。這是我們做為父母，把閱讀的愛與能力送給孩子的禮物。

2 從圖到文，進入更寬廣的閱讀世界

認字從生活經驗和喜歡的事物出發，在遊戲中「識字」、「組句」、「串成段」，漸漸可以發想出一篇文章。

閱讀，由娃娃時期翻著布書，就已經開始了。經過爸媽抱著讀繪本、說故事，更是一段段溫馨的親子共讀旅程。圖像的世界，繽紛美麗；但文字的世界，有更多豐富的訊息，可以建構更大的認知或想像天地。

每個孩子都會有「識字狂飆期」，大概在幼兒園大班到小一階段，這時候剛好也是在學習注音符號。也就是說，孩子會有一段時間，同時進行兩種「符號」的學習：國字和三十七個更抽象的聲母、韻母。

我的原則是：從生活經驗中認字，然後放輕鬆的學注音符號。

記得那時候大班的可樂果妹開始對認字產生興趣，也是從「生活需求」來的。

「媽咪，我跟你說喔，我超開心的，昨天晚上看《柯南》，他講日文，但底下的字（幕），我都看得懂喔！」某天一大早，可樂果妹雀躍的跟我分享。

「真的呀？那你有沒有一種以前什麼都不認識，現在突然看懂好多字，覺得一切都這麼有趣的感覺？」

「有啊、有啊，我還要再來認識很多、很多字！」

雖然只是「比較看得懂」劇情，就足以讓孩子感到開心。我趕緊對姊姊使個眼色，她馬上補一句：「看懂很多字超棒的，以後你就可以自己看很多故事書，不用等人家有空才能唸給你聽。」以同輩的角色，再強化一下「看懂字」的好處。

用「豁然開朗」來形容可樂果妹看懂（一點點）字後的快樂，是誇張了點，但真的可以感受她的興奮，就像打開一個新世界。

找同伴陪孩子認字

我們都知道「陪伴」的重要，那是父母責無旁貸的功課。但現實就是，下班好累，媽咪可以不要再講話了嗎？下班好累，可以讓媽咪一個人嗎？

有了過去幾年的養成，水果姊已經可以課業和生活雜事都自己來。逐漸進入前青春期的她，基本上也不想要父母管太多、問太多。

但可樂果妹不一樣，那時才大班的她，還對這個世界充滿著學習與認識的熱情，每天問題都一籮筐。我常感謝水果姊和她們的爸爸，基本上回答了妹妹大部分的疑問。但閱讀這件事，沒有耗著、盯著、堅持著，就不容易養成習慣、看出效果。偏偏可樂果妹就還是個「文盲」，所以往往需要三個人輪番上陣陪她看書（大家輪流休息的概念）。

但在我示範過幾次後，很能幹的姊姊就知道怎麼幫我分擔，陪妹妹「認字」了。

我給姊姊打氣說：「讓妹妹能自己閱讀，你和媽咪才能有更多自己的時間。所以，我們兩人要分工合作才好。」

姊姊嘆了一口氣表示認同，因為她很清楚，有能力自己閱讀，那是多美好的事！

認字，就從喜歡的生活項目出發

可樂果妹有本「識字本」，第一次打開的人一定會啞然失笑：「怎麼都是吃的啦？」

「字」對幼兒來說，是抽象的符號，所以從幼兒的生活經驗和喜歡的事物出發，與記憶的某部分做連結，會比較好記。

除此之外，可以試著讓孩子記「字群」或「詞組」。例如，我寫下「牛奶」，「奶」的旁邊加上「茶」，「茶」的上面加上「紅」。而「紅」的旁邊，完整寫下「彩虹」，順便學一下兩個字是同音異字（彩虹的旁邊，寫下彩色筆，這是她幾乎每天都會用的文具）。

或者，先寫下「冰」，旁邊寫了「棒」，冰棒可以連上剛才的「紅」，再認識一下「豆」，「紅豆冰棒」是她們常吵著爸爸帶她們去買的零食。甚至可以與隔壁頁的牛奶一起連結，成了「紅豆牛奶冰棒」。

剛剛的「奶茶」配上「冰」，順便也學一下「溫」和「熱」，又多一組詞了。類似這樣的遊戲，三不五時想到就玩一下，沒有進度也沒有壓力，忘記了也沒關係，每次都玩得很開心。（都是講吃的，難怪開心！）

有時候會讓孩子的寵物或玩偶上場，如兔子、小熊之類，這樣就可以串出簡單的句子：「我的兔子寶寶說今天好熱，就吃了紅豆牛奶冰棒。」

認識的字愈多，組織起來的句子愈多，就漸漸可以發想出一篇故事。這就是典型的從字到詞再到句子與段落，最終形成篇章。

故事合不合理是其次（兔子寶寶怎麼能吃冰棒？），有畫面、容易理解，在遊戲中「識字」、「組句」、「串成段」，才是我想讓孩子慢慢涵養的能力。

那時，爸爸、姊姊和我一心想讓可樂果妹趕快體驗認字後的「自由」（不必再等爸爸、媽媽或姊姊替她唸書），其實，「能講出來」也是練習寫作的起點。

至於注音符號，我們有一搭沒一搭的練著，並不著急，但大班的可樂果妹偶爾會自顧自的練習拼音，有時還會被她「矇對」。這時候，我會很誇張的讚美她，然後順便再偷渡兩組較難的拼音（她矇對的可能是「ㄕㄨ ㄅㄠ」，我偷渡給她的就會加上聲調，例如「ㄕㄨ ㄅㄣˇ」、「ㄕㄨ ㄉㄧㄢˋ」、「ㄆㄧˊ ㄅㄠ」之類）。

所有這些「認字遊戲」，都是融入生活進行，偶爾她需要人陪伴時，我和姊姊就請她拿出「角落生物識字本」，開始紙上認字遊戲。

可以說，若「自學」能力（含動機與方法），是人生最重要的成長關鍵，那「閱讀」能力（含取材、篩選與轉化），則是重中之重了，而最前提的，就是字詞的理解和掌握。

傳統國語課為了精熟，會讓孩子就單一詞彙大量練習；不管是小學還是幼兒園，為了顧及整個班的進度，老師大多以一致的標準要求學生這樣學習。

個別化的活動設計，就在家裡進行吧，學習效率會更好。以認字來說，中小班就可以啟動，奠定好的基礎，通常到大班會有突飛猛進的進步，一方面前面累積了一些，二方面心智上也到了一個程度，能連結更多看過的字或詞組。

要讓每個陌生的字有意義，不妨以「詞組」的概念來讓孩子接觸，最好再依照孩子的喜好（像前面提到的「美食」、小朋友喜愛的卡通角色及劇情，或全家一起旅行出遊的經驗等），請他發表句子（就是讓孩子造句）。雖然爸媽的目的是讓孩子可以享受閱讀，但識字力、使用詞彙組句的能力、說出來的表達力、大腦裡字詞、語句甚至段落的連結力等，所有能力都是同步一起長出的，也奠定成為孩子素養的一部分。

3 實體書店，孩子成長中的閱讀美景

書店經驗，從實際可摸，到自主挑選，是孩子透過具體的閱讀空間和世界，建構知識體系的開始，也是一點一滴閱讀力累積的起點。

水果姊還在我肚子裡時，我對第一個寶寶有很多親子共處想像，例如在溫泉池裡抱著她一起泡湯、到日本搭各式列車旅行，以及帶著她巡禮全臺、全世界各地的書店，我腦海裡浮現的美景是，我們坐在書店木頭地板上，被滿滿的書圍繞，孩子舒服的窩在我懷裡看書聽故事……

到了水果姊一歲多、還在搖搖晃晃學走路時，我們母女就開始前進各地的誠品書店。依稀記得首站是臺中勤美誠品，那是一間氛圍很好的書店，有不少人在挑書、選書、看書。水果姊進到書店後，我放下她，她整個開心逛大街，拉都拉不住，我則要亦步亦趨，在她擋到人家的路時拉開她，或者是對方先一步閃開時，連忙向人家道歉。

在她一邊漫無目的亂走，一邊被我刻意引導到兒童區後，她看到很多跟她差不多大的小孩（差不多大是她以為的），更開心了。東摸摸、西摸摸，架子比較低的書要去抽出來，看到小姊姊坐在地板上安靜看圖畫書，也過去參一腳，然後對著人家嘰哩呱啦講一堆，再指著人家手上的書嘰哩呱啦講一堆，還好這位小姊姊非常有教養，挪了挪身子讓水果姊挨著一起看。

孩童時期的美好記憶

我小時候住在高雄，當年高雄有一間「大統」百貨公司，媽媽總帶我和哥哥到六樓童書部看書，然後留下我們，她自己去地下一樓的超市買菜。等到採買完畢，媽媽會到一樓服務臺廣播請我和哥哥下去。我們聽到廣播後，哥哥就會牽著我的手下樓和媽媽會合，然後一起搭公車回家。

這是記憶裡很美好溫馨的畫面。我似乎還記得六樓童書部的擺設、哥哥牽著我下到一樓遠遠看到媽媽的身影……，形成美好童年的一部分。

那個畫面裡，有媽媽的愛、我與哥哥牽在一起的小手；但最美的，還是櫃子上琳琅滿目、孩子眼裡光采耀眼、看都看不完的書籍。

書籍，就一本一本零星的買。但櫃子上其他也渴望閱讀的書怎麼辦？那就只好等學校書展時，發下書單，媽媽大筆勾下二、三十本，讓我和哥哥抱著兩大落書，心滿意足的迎著夕色回家。

我帶著這樣的記憶長大，「書店」和「滿滿的書」如此美好的感受與經驗，是我想送給孩子的禮物，我想讓她們人生旅途中，有這樣美麗的一景。

在書店挑書與讀書，是美好的禮物

曾有一次，我在社區物業管理處領一箱博客來寄送的書，被物管大哥虧了一下：「現在很少人會買書了耶！我們這邊很少接到這種箱子。」我笑笑回答：「現在大家都超商取貨了啦！」

抱著這一箱要給水果姊的書走回家的路上，我心想，如果一個掌管六百戶社區的物管人員都很少收到這全臺灣最大網路書店的包裹，那麼，實體書店又該怎麼辦呢？

大型實體書店，像誠品書店或蔦屋書店，販賣的已經不只是書的本體，而是更接近一種「生活風格」或「氣質」。滿滿都是實體書的場域，營造出閱讀的氣氛，甚且書籍的分區、分類或擺設，有一種說不出的舒服和美感，這樣的氛圍和素養，需要成為孩子生命記憶的一部分。

所以，「跟媽媽單獨去書局，看書和吃早午餐」，在慢慢的設計和引導下，已經是我們家「很高級」的獎賞。因為除了獲得與媽媽的獨處時光，二來可以任意點早午餐，三來有看不完的書。

「自由的在書店挑書、讀書」，成了孩子心中美好的禮物。出國上機前免稅品區的小小書店，姊妹倆也不會放過，一定要巡一下，就算只是轉轉也好、摸摸書也行。

有一年，我和水果姊去北九州賞楓，專程走訪被譽為全日本最美圖書館的武雄市圖書館（與蔦屋書店共同打造）。我鼓勵她拿零用錢買一枝精緻的自動鉛筆做紀念，讓自己永遠記得這裡。

每到一間書店，不管是大型的誠品或蔦屋，還是獨立書店（臺南的烏邦圖或南投的籃城書房等），不用我提醒，水果姊自然會窩在一個角落，安然自在的閱讀剛尋獲的書。

連帶著，妹妹也會學姊姊。雖然調皮的可樂果妹，不只一次告訴我：「我很愛畫畫就好了喔，我可以不用愛看書！」但每到書店，即使不識字，還是會去找可愛的圖畫書，然後不吵也不鬧的進行閱讀活動。雖然可樂果妹的定力、耐性或許不如姊姊，但是沒關係，五分鐘十分鐘看（翻）完一本書，然後再去找下一本，這樣也很好。

書店經驗，是閱讀力累積的起點

我不願意聽到孩子喊「無聊」，也不喜歡孩子在空檔時卻不知道可以做什麼事。實體的書店經驗，是生活中很好的學習，可能剛剛還在戶外跑跳碰，一進到書店，就是無縫切換，轉為閱讀狀態。

所以，「逛實體書店」（她們最熟悉的誠品或蔦屋）現在成為逛街首選之一，出國的時候，也會特意找書店去穿梭一下，對兩姊妹而言更具吸引力的，除了書，還有花樣百出的文具區。選選書籤、買買貼紙，當作是喜愛書店的獎賞。

書店經驗，帶來的效果不會只是逛大街。從實際可摸，到自主挑選，是孩子透過具體的閱讀空間和世界，建構知識體系的開始，也是一點一滴閱讀力累積的起點。

我誠心建議爸爸媽媽，讓孩子在成長中，有「書店經驗」的歷程與回憶。最大的好處是，孩子會懂得安排自己的「當下」，也能練習心緒的「切換」，然後穩定下來。能活潑，能沉靜，這對學習或成長會有令人欣喜的正面影響。

4 剪報，啟動閱讀的好幫手

與其說透過「剪」或「貼」來讓孩子多一件事，更可以說是替純粹「眼睛看、嘴巴唸」的閱讀活動添加趣味，在不知不覺中，透過字詞的累積，進步到全句的理解、甚至是段落的掌握。

有一份讀物，每天（或每期）都不一樣，但總是有豐富的內容與價值，那就是報紙。

我一直記得，小時候那厚厚幾本報紙剪貼簿，裡面收藏了許多珍愛的文章，在那個閱讀資源不比今日的年代，捧著剪貼簿一讀再讀，即使只是其他小朋友的投稿，都讓我心滿意足。所以，讓兩個孩子見識、使用、享受、浸淫在日日更新的報紙裡，是我想做的事。

大一點的水果姊，可以完整讀完《國語日報》十六版，從教育新聞到世界趣談、從校園采風到學生投稿，琳琅滿目。

小一點的可樂果妹，自然讓她先從同家族的《國語日報週刊》開始囉！彩色印刷，字體略大、行距也寬，比較貼近閱讀初級者的能力和喜好。

有一天，水果姊的臉書文章讓我笑了，這根本是「媳婦熬成婆」的概念：

〈妹妹的剪貼簿〉
妹妹踏入小學生活了！
媽媽幫她買了日記本、剪貼簿，
嘿嘿，她的苦日子來了。

吃飽就拿著剪貼簿、報紙、剪刀、膠帶到客廳，
嗯……不愧是粗心大王，
剪個報紙也會出包，
還差點忘記拿膠帶，
但還好大部分時間都很認真。
第一次剪貼的成果還不錯，

之後……就不一定了……。哈哈！

早在正式啟動剪貼報紙的那一天，我已經讓可樂果妹「生活裡有報紙」很久了，起先是拿報紙來圈字，後來進步到圈「詞語」。然後我們會一起挑她覺得可愛的或她認得的「部分標題」，來看看文章內容。

什麼是「部分標題」？比如她會問我：「媽媽，這個在寫兒童節的什麼？」「喔，這是在講澳洲的兒童節嘉年華會。」她當然會繼續問：「澳洲是什麼？」然後就帶她去地圖前，指出澳洲讓她看，甚至告訴她，這個國家在地球的下半部，叫南半球，那裡有很可愛的無尾熊。

讓剪貼報紙充滿樂趣和自由

過去一段時間，「報紙」就這樣無聲無息存在於孩子生活中。所以真正要剪貼的那一天，就是順理成章的事了。

但還是需要一點點小小的溝通。

「為什麼要剪貼？」可樂果妹已經很習慣隨意翻翻讀讀和「圈報紙」。

「把喜歡的文章剪下來後，以後看剪貼簿就好啦，這就是你的心愛文章精華本，而且你還可以在旁邊的空白處畫畫。」媽媽補充說明。

為了增加誘因，我再拿出一整排新買的繽紛多色原子筆：「如果你的細字彩色筆不夠用，媽媽這邊新的原子筆可以借你。」可以使用媽媽的文具，增加一點「尊榮感」。

《國語日報週刊》有些吸引小讀者的巧思，例如，某些文章會設計遊戲，走迷宮、拼圖、連連看或算算看之類，很適合可樂果妹。她說：「媽咪，這個是拼圖耶！」

「你可以一塊塊剪下來，然後移到剪貼簿上再拼起來，記得要黏好喔！」

誰說閱讀就是要讀「完整的一篇文章」？

拼圖旁邊有一段簡短說明，讀讀文字，然後依著提示，把拼圖完成，順便再玩一下遊戲；因為很有意思，所以保留到剪貼簿裡。

剪貼簿沒有規定孩子怎麼貼，她自己決定就好。我注意的只有在剪下前，跟她一起挑選她感興趣的文章。但有時候孩子會被圖畫吸引，甚至，孩子想剪下漫畫或笑話。我覺得沒關係呀，給孩子更多的主動權、選擇權，因為孩子才是閱讀的主人，爸媽要有接納孩子多元胃口的雅量。至於要不要刻意引導孩子去剪知識類的文章？我或許會鼓勵孩子讀一下，就當作吸收新知，但不會暗示或期待她一定要剪下來。

「留（剪）下你喜歡的，而且以後還會想再看的。」這才是幫助孩子願意持續做這件事的關鍵。

連結字群，認識更多字

小一的可樂果妹認識的字還不多，我並沒有要求她拼讀全文，太累了。我會陪著她一人唸一段，我唸的時候會放慢速度，手指著文字，這是要讓她「認國字」。我告訴她：「拼注音比較辛苦，你如果可以記得住國字，就直接記國字。」

透過這樣的閱讀，讓她更完整建立「詞組」的概念。比如「慶」這個字，她會在兒童節嘉年華會的文章中，讀到「慶典」，這時候她會想起：「國慶日的慶是不是這個字？」就像大腦的連結，字群的連結也類似呀！認識的字群或詞彙愈豐富，文章的意思掌握就會更好，閱讀趣味自然就產生了。

所以，與其說透過「剪」或「貼」來讓孩子多一件事，更可以說是替純粹「眼睛看、嘴巴唸」的閱讀活動添加趣味，在不知不覺中，透過字詞的累積，進步到全句的理解、甚至是段落的掌握。

但是要記得，家長要適時「退場」，讓孩子的能力多展現一點，甚至一點點超過本來已經會的。一步步將「親子共讀」，逐漸推到孩子可以慢慢的自己讀、自己選、自己剪的「自主閱讀」。

5 親子讀報討論與引導寫作

親子讀報的互動可以當作一種契機，那是迥異於書本的另一塊沃土，不管是豐富的閱讀素材，還是更深化的寫作想法，都能在這塊園地有不一樣的變化。

閱讀的一個重要好處，就是透過他人文字塑造出來的情境，在我們無法到達某個時空或獲得某種能力時，得以感受到不曾有過的經驗。所以我喜歡孩子閱讀，而伴我長大的《國語日報》，更是我推薦做為日日更新的一份好讀物。

在兩姊妹幼兒到小一階段，我先讓她們接觸彩色印刷、字也比較大的《國語日報週刊》，好讓孩子對「報紙」產生一個基礎概念（在3C和社群媒體世代下長大的孩子，真的要刻意引導才會知道什麼是報紙）；年級再升高一點，就可以開始讀豐富多元的十六版《國語日報》了。

「兒童版」可以討論什麼？

《國語日報》有很多種讀法和使用法，搭配不同版面，能產生不同的教學互動。我特別喜歡第八、九版，因為是小學生的投稿文章。透過別的孩子的寫作，不僅僅是閱讀一篇篇好文章，更可以讓孩子見賢思齊，以及「如果是我，會怎麼寫？」，或「如果是我，文章內所提的體驗，我的感覺可能是什麼？」

我曾拿一疊小朋友的投稿報紙，跟水果姊說：「這裡有好多小學生的投稿文章，我想讓你看題目和內容，看看是否有你想體驗的事？如果有，能不能挑個五篇與媽咪分享？」再補一句：「以後如果有機會，我和爸爸也可以帶你去體驗。」增加一點誘因。

我選擇拿「兒童版」與她討論，有三個原因：

1 不要只是「看」人家的佳作，透過不同的「主題」，讓孩子思考，也訓練孩子提出選或不選的理由，和自己的觀點（至於要思考什麼，由爸媽來設定）。

2 用「選出你喜歡的文章」顯得有點空泛，限縮主題，讓孩子的閱讀更聚焦。

3 閱讀別人的文章可以擴大視野，而且這些文章的作者都是小學生，說服力很高。這群孩子在體驗過後，還能將經驗轉化成吸引人的文字，真的值得學習。

交代完任務，過兩天水果姊挑了五篇剪報給我：

1〈陪媽媽外送美食〉
2〈化身小橘農〉
3〈美術館解說員〉
4〈甜蜜蜜做黑糖〉
5〈雲海大飯店〉

「媽咪，我選了這五篇，不過我有淘汰一些。」

「是嗎？我可以看一下你淘汰的文章嗎？為什麼淘汰呀？」對於不被她青睞的，我也一樣感興趣。既然她主動告知「評選過程」，媽媽當然要表示一下關心。

她一一點數沒被選中的那幾篇：

「這篇〈手做湯圓幸福味〉跟我選的黑糖那篇很像，都是我愛的『做料理文章』。不過湯圓這篇，寫比較多家人的互動和吃起來的感覺，黑糖那篇對製作過程的著墨比較多，我喜歡看料理過程。

「這篇〈愛心大姊姊〉是寫得很好很溫馨啦！不過我也在學校幫忙過低年級的小朋友，所以不算是我特別想體驗的事。

「這篇〈夜訪潮間帶〉是講晚上到海邊去探險的經驗，看起來是滿有趣的，不過我可能會有點害怕。」

她繼續說：「如果媽媽說只能選四篇，我會淘汰〈陪媽媽外送美食〉。」

「為什麼？我覺得這篇很特別呀！」（我心裡有點驚訝，陪媽媽一起擔任美食外送員，這應該不常見才是。）

「因為他寫的比較多是不同客人與媽媽間的應對，有的不禮貌，但有的很客氣，觀點著重在遇到什麼樣的客人。」水果姊說。

「所以，你覺得這樣（和不認識的人應對）的體驗，你比較不感興趣？」

「是啊，我覺得要一一去接觸不認識的人，真的滿困難的。」

原來如此。

我很高興水果姊和我談這些，知道人家的困難，才能體會一切的不容易。

從欣賞佳作，到能說出為什麼

那另外五篇喜歡的呢？為什麼想體驗？如果要分享給班上的同學，你會怎麼說呢？

以下為水果姊所說：

「我最喜歡的是〈甜蜜蜜做黑糖〉，作者在文章中敘述做黑糖的順序，寫得好詳細，並且還透露一些內行人才知道的事情，可以讓讀者了解做黑糖的祕訣。我喜歡當小廚師，這類體驗我非常感興趣。另外，你有發現嗎？沒錯，這五篇文章的主題，除了『體驗』，就是『挑戰』或『嘗試』。不管是當外送員、農夫、解說員、飯店服務生、黑糖生產者等，都是我沒做過的事，我覺得很新鮮有趣，原來不同的工作有不同的辛苦。」

我並沒有要求她讀報後「寫心得」，而是讓她「想想之後，來和媽咪聊天」。指定主題的討論，對孩子來說更容易些，也比較願意侃侃而談。而且我對她的說法沒有任何評價，對於她所選擇和不選擇的，只要能說出原因，都值得肯定「願意表達」。

看看別人，想想自己會怎麼寫？

同樣的版面，還可以進行另一種討論。

基於人都想要表現「這個我會」的考量下，我想讓水果姊更深一層思考：「我會寫，以及，我可以怎麼寫？」

過了兩週，我問她：「你有沒有發現，其實有些小朋友的題目，如果被拿來當老師規定的題目，好像也沒這麼難，你可能也會寫喔？」

她愣了一下，表示同意。

「那你去挑五篇你『也會寫』的題目，然後和媽媽分享其中三篇你大概會怎麼寫，這樣好不好？」

為了加強信心，在她遲疑的片刻，我趕緊補上兩句：

「不用真的寫喔，你只需要想一想，和媽咪聊聊天就可以。」、「或許你想寫的，會和這個小朋友很像；但也或許文章走向完全不一樣，就只是題目一樣。但是不管怎樣，媽咪都會覺得你很棒，因為練習寫作思考，本來就是不容易的事。」

適度的引導、具體的誇獎（灌迷湯也沒關係），永遠是讓孩子進步的兩大關鍵。

這次她挑出的「也會寫」的題目分別是：

1 〈媽媽有鷹眼〉（聽她唸出這題目我大笑。）

2〈午餐開動〉（嗯，這果然是小學生的共同經驗。）

3〈暖呼呼的紅寶石〉（咦？她會寫？我真好奇！）

4〈學校是座大迷宮〉（我倒是想看看她會怎麼寫。）

5〈一星級愛女壽司〉（這是媽媽的愛女料理吧？）

「來吧，你想挑哪三篇和媽咪分享，你大概會寫什麼呢？」

她開始娓娓道來（媽媽電腦速記）：

1〈媽媽有鷹眼〉

我媽媽也有鷹眼，因為她每次在房間寫作，都知道我在外面偷懶。像有一次我應該要練習字音字形，但卻偷偷在客廳和妹妹玩，媽媽卻好像有看到一樣，從房間叫我趕快去練習。妹妹回爺爺家在一樓看電視，媽媽從三樓打電話給爸爸，說要讓妹妹先完成回家功課。爸爸也難逃媽媽的鷹眼，他在廚房吃零食，媽媽就會出來說：「晚餐不好好吃，吃什麼零食……」

媽媽是怎麼辦到的？全家都敗給媽媽的鷹眼。

（聽完此段，我哈哈大笑，我有管這麼多嗎？鷹眼真的是天賦異稟吧！）

2〈午餐開動〉

有時候上課會肚子餓，我只好下課衝去買零食。但就算買到了，回到教室也不能吃，老師不喜歡教室有零食的垃圾，那就只能任由肚子呱呱叫。

不過有時候午餐是我愛的玉米濃湯、義大利麵、薯條或雞塊等，那天好像肚子就會特別餓，然後超級期待同學快把午餐抬回教室。

午餐時間一到，大家就會一窩蜂趕快上前排隊打午餐。接著度秒如年的等到午餐長說開動，拚命狼吞虎嚥，每個人都秋風掃落葉，不到兩分鐘意猶未盡去打第二趟。

（聽完這段我也噴飯，那個畫面我完全可以想像！）

3〈學校是座大迷宮〉

自從學校操場施工後，到哪都要繞路走。以前去哪只要穿過操場，現在變得好麻煩，像在迷宮中穿來穿去。像要去上電腦課，得先從教室下到一樓，左轉、直走、右轉、直走、上到二樓、直走、右轉、再上四樓、再左轉、再直走，一來一回，我都走累了。

（媽媽記錄完這一段，也聽到暈了。）

聽孩子說她會怎麼寫，真的滿有趣；在親子笑談中，孩子正在嘗試證明「她可以」。

親子寫作對話，要讓孩子感受：「我也做得到！」

當然孩子一開始不見得做得很好，就從簡單的步驟開始，循序漸進，不要壞了欣賞好文章的胃口。胃口還在，就會願意動動腦，思考屬於自己的好文章該怎麼寫。爸媽可以這樣引導提問：

1 你覺得哪個題目滿特別的？
2 你會被哪種題目吸引，然後願意細看文章內容？
3 你想嘗試哪篇文章呈現出來的體驗？
4 什麼題目你覺得自己也會寫？
5 哪個題目你馬上就可以想到自己能怎麼寫？

在閱讀寫作下的任何一種親子對話，都不是只讓孩子看別人有多好；更重要的，是要讓孩子感受到：「我也可以做得到。」

對每個學習者而言，先能自我期許「做得到」，再來才是自我努力「做得好」。而「做得到」的前提，是需要花時間去讀、去想；父母在旁搭建鷹架、引導、提供部分策略，以及陪伴鼓勵，都是不可少的環節。

所以，不需要急著讓孩子讀後寫什麼，連畫下佳句都不用。用簡單的題目（主題），小範圍的讓孩子說說為什麼、怎麼選、怎麼不選、喜歡什麼、不喜歡什麼？如果作者是自己，在這樣的主題下，我想表達什麼？（比如剛剛那篇〈媽媽有鷹眼〉〔二五三頁〕）、我會有不同的敘事手法嗎？我會和原作者一樣，採行同樣的人稱寫法嗎？（高年級以上或程度好一點的孩子，可以討論更多的寫作技法，同時搭配國語課所學的進度。）

孩子願意讀、願意聊，那真的很棒。若在過程中，讓孩子試著分類、篩選、排序、套入自己的經驗等，甚至可以講出觀點，才是我們期待給予孩子更重要的禮物。親子讀報的互動可以當作一種契機，那是迥異於書本的另一塊沃土，不管是豐富的閱讀素材，還是更深化的寫作想法，都能在這塊園地有不一樣的變化。

6 小孩教小孩閱讀寫作

小孩教小孩閱讀寫作，教學者或付出者得到更多。閱讀和寫作在手足之間，成為一個可討論的話題，也屬於他們互動下，某種情感默契的存在。

姊妹倆各自擁有手機的前提，是要完成一個重要任務，就是定期寫作發文（或寫閱讀推薦文，然後傳給媽媽）。妹妹不會打字，跟媽媽口述想說的話，我幫她打成文字，再搭配她拍的照片分享出去。

姊姊大了，有自己的社群媒體帳號，拍照發文就自己來。

某天假日，我跟水果姊說來發文吧！提醒她可以寫前一天我們去書店，也可以寫去吃火鍋。可樂果妹在一旁聽了，吵著她也要寫一篇。

那天我想偷懶，就把替妹妹打字發文的工作交給姊姊：「她唸她想分享的內容，你幫她發好嗎？」

姊姊興致高昂的說：「好！那我要開一個『可樂果妹系列』。」

媽媽聳聳肩，樂觀其成。

小孩有小孩「變通」的辦法。因為水果姊手機打字也不快，竟想到了一招，她跟妹妹說：「姊姊教你用語音輸入，你唸完後傳給我，姊姊幫你改字，這樣比較快。」

我在旁邊聽著，不禁心中竊喜，一來是姊姊找到不錯的方法；二來是剛好有這個機會讓水果姊體驗，幫別人改稿或潤稿絕對沒有想像中那麼簡單呀！

我拍拍水果姊的肩膀：「幫人家改文章不容易，尤其你可能會需要幫妹妹補字，或要順一下句子，辛苦了喔！」

改稿實習初體驗

接下來半小時，姊妹倆好忙，姊姊教怎麼語音輸入，妹妹開始唸她的心得。我不停聽到妹妹跳 tone 般的唸出一大堆贅字、贅詞、無意義的詞語……，也一直聽到姊姊唉聲嘆氣，忙著糾正，搭配著妹妹笑到不行的聲音。

面對妹妹「寫作」而長吁短嘆的水果姊已經長大了，所以忘記自己五、六歲時的曾經，那時她想表達一件事也會順序跳來跳去。

最後，水果姊捧著妹妹 LINE 給她由語音轉成的文章，又好氣、又好笑的來跟我告狀：「媽咪，你說這怎麼改啦！她的順序跳來跳去，一堆然後又一堆結果，我不會改啦！」

這是可樂果妹口述的原文：

昨天我和媽媽姊姊去吃火鍋
然後我和姊姊有去
我和姊姊盛了菜
然後我還幫媽媽盛水蓮
然後我和姊姊去盛金針菇吃到飽
結果我和姊姊去吃冰
結果媽媽的錢包忘記帶了
結果媽媽檢查她的包包
發現她有帶錢包

事件的真實順序是：

1 開出車庫媽媽就想起好像沒帶錢包。
2 趕緊車停路邊仔細翻找包包。
3 原來錢包被壓在包包底層。
4 開心的開車到火鍋店。
5 姊妹倆去盛菜。
6 姊妹倆幫媽媽盛水蓮。
7 妹妹很愛吃金針菇，媽媽笑說：「你乾脆金針菇吃到飽算了！」
8 結束離開前，姊妹倆去盛冰淇淋。

難怪我會聽到姊姊大叫：「你這樣寫不對啦！這樣就變成我們吃完火鍋，媽媽才找不到錢包。」

但妹妹此時累了，便開始耍賴說不想改了（幼兒的耐心有限，媽媽完全理解）。

教的人比學的人獲得更多

寫作，不只是文字的鋪排，更多是邏輯組織的過程；而水果姊所抱怨的，正是妹妹寫作起步時，和每個孩子一樣都會犯的兩大錯誤：

1 想到什麼，就寫什麼

寫作和烹飪很類似，食材或佐料擺放入鍋有正確順序，做出來的菜餚味道才會對，也才好吃。很多孩子寫作時，常想到一個片段，就寫一個片段。想到第二個片段，再寫第二個片段。但片段一與片段二之間，不一定有前後關聯，或者找不到共通線索可以串起來，閱讀起來很零散，也就是我們說的不通順。

2 重複無變化的發語詞或連接詞

尤其是以「然後」最常見。

在我小一、小二時，媽媽要求我在她午睡前說故事給她聽，得自己編，不能看書。我印象很深刻的是，媽媽糾正我「不要一直說然後」，既然不能說就得想辦法，自然就會透過別的詞彙表達意思，或想出別的句子來替代。

水果姊第一次幫妹妹發文，結果是：

1 水果姊教會妹妹用手機語音輸入。
2 妹妹語音輸入後，手機將語音轉成文字，傳給姊姊。
3 妹妹現在寫作的毛病，姊姊已經可以看得出來了。
4 姊姊獲得一次經驗，但因缺乏輔導技巧，所以還不能事先預防或教育妹妹。但至少知道，替人潤稿沒有想像中容易。

這是一個很可愛的假日插曲，姊姊在驚訝發現妹妹錯置事件順序的過程中，體會到有邏輯感的文章閱讀起來順暢多了，也能說出什麼才是合理通順的短文。

我認為「小孩教小孩寫作」的過程中，獲得更多的是「教學者」。透過協助對方，看到他人的不足，就可以累積自己的經驗，知道怎麼改善。若再有下一次，以這次的例子來說，就會知道要提醒「學習者」先順過事件發生的前後，再做發表（寫作、語音輸入，或任何型式的呈現）。

或者，搭配心智圖的運用，也可以提醒對方，先把所有想得到的「材料」列出來，然後看著寫下的素材再來串連，脈絡就會更清楚（請參考第三章第10篇〈有效學習的工具〉〔二〇六頁〕）。

為兄姊建立「典範」的尊榮感

比起寫作，小孩教小孩「閱讀」，就簡單很多。畢竟唸故事、讀文字，大孩子只要有點耐心，都可以做得很好。

我有幾次提醒水果姊唸故事給妹妹聽時，「要好笑一點。」「你在讀繪本給妹妹聽時，快得像是在趕火車似的。放慢一點，加點戲劇效果吧！」有時候我會請姊姊幫忙，「演故事」給妹妹聽。若水果姊願意配合，隨著角色而變化語氣、劇情轉折時改變語速，就很容易把妹妹逗得哈哈大笑。這時候一定要大力誇讚這唱作俱佳的功夫，給了妹妹極佳的閱讀享受。

其實姊姊哪是每次都願意，「陪妹妹閱讀」一點也不輕鬆呀！所以父母最需要動腦的，就是「哄小孩」，為他們所做的事賦予特別的意義。

為了不讓水果姊覺得是苦差事，或者當姊姊就得照顧妹妹很累，我會這樣說：「你今天幫忙當個教練，示範怎麼用繪本說故事好不好？我們讓妹妹有典範可以模仿，我會請她晚一點也說故事給兔子寶寶聽。」

姊姊以為是「教學」，好為人師是天性嘛，就會使出渾身解數把一本書講得生動又吸引人，並不忘叮嚀妹妹：「這裡有點悲傷，你的聲音要慢一點、低一點，不可以笑嘻嘻的。」、「這裡大家都在跳舞，你可以用唱的。」

當孩子成為「老師」時，你就會看到他們多有教學創意，花樣超多的，就是想要吸引「學生」注意。這時候爸媽的目的就達到了，與其說要讓孩子走到目的地，不如說沿途的風景才是希望孩子可以收穫的。

所以，小孩教小孩閱讀寫作，當然可行。獲益的是誰？比起學習者或領受者，我認為教學者或付出者得到更多。

若爸媽在旁輔以一些話語引導或策略暗示，教學者會做得更好，學習者也會有滿滿的收穫。但最重要的，閱讀和寫作在手足之間，成為一個可討論的話題，也屬於他們互動下，某種情感默契的存在。

7 爸媽先是好聽眾，再是好聊伴

起先，是當一個好聽眾，再來，做一個好聊伴，最後，藉由更多的互動與談話，帶入比書本文字本身更豐富的觀點和啟發。這點點滴滴所累積的，如同滴露澆灌幼苗，一步步建構出孩子更厚實的閱讀世界。

還記得上次「聽」孩子聊一本書是什麼時候嗎？那次你是從頭到尾聽孩子講完他想講的，還是中間就忍不住打斷並糾正語法、用詞，或某個記錯的情節呢？

比起父母為孩子花了許多時間唸完整本書，我認為在孩子讀過一本書，熱切想說點什麼時，以專注聆聽來支持他，更為重要。這有兩個意義，一個是鼓舞孩子對閱讀更有成就感（我能說）；一個是孩子因為要分享出來，必須思考怎麼說、怎麼表達（我可以說得好）。

如何當個閱讀好聽眾

雖然不建議要求孩子閱讀過後必須做「輸出」，但當孩子得到閱讀樂趣，興沖沖想找爸媽聊一下時，不管只是一個片段的情節、對人物的看法評價，或是想問問題，或者乾脆要求：「媽咪我想跟你討論！」爸媽都應該要重視並給予正面回應，這樣更能加強孩子的閱讀意願，或深化未來發展自主閱讀的機會。

父母並非微笑聆聽就可以滿足孩子，我有幾個「當好聽眾」的建議：

1 樂意及專心

當孩子來分享閱讀的感受時，不要覺得自己正在忙的事被打斷而顯露不耐煩；這次冷漠以對，下次他可能就不主動來了。專心聽孩子說，讓他把話一句句的完整說完。常給孩子「爸媽願意聽他說話」的感受，若是真的在忙無法專心時，跟孩子約定稍晚的時間，他也會願意等待。

2 蹲下來，表示尊重

並非形體上的蹲下來，而是視孩子的年紀和閱讀力，爸媽把自己的標準降低。小小孩在雀躍分享時，一定會出現邏輯不順或用詞錯誤的情況。稍大一點的孩子，可能也會出現表達過於片面零碎，或說出的心得讓大人感到幼稚、不成熟。這時候爸媽不要輕易批評、反駁，甚至嘲笑孩子：「你到底有沒有看懂啊？根本在亂說一通！」這樣是在重重打擊一顆分享閱讀的心。

如果想引導孩子進行更完整的補充，爸媽當然也可以說說自己的想法，那就是彼此的交流，但絕對不去抹殺孩子自己理解的部分。

3 給予回饋

孩子在跟爸媽逃說時，我們若適時表現出對書本內容後續發展的興趣，追問：「然後呢？」、「為什麼？」孩子會覺得他不是單向說話，而是和爸媽互動，無形中鼓勵他下次還可以再來找爸媽聊閱讀。

好聊伴，讓閱讀之旅走得更遠

當個好聽眾，是鼓勵孩子自主閱讀的第一步；但當孩子閱讀益發成熟後，他就會希望爸媽能從聽眾轉化為可以對話討論的人。

為什麼討論會幫助閱讀？閱讀其實不是眼睛活動，而是大腦活動；它需要的不只是詞彙能力，更多的是思考、理解和連結其他素材的能力。進行討論，表面看起來是分享與交流；但背後需要的，卻是孩子透過閱讀之後的綜合能力。孩子在讀過一本讓他愉悅或有感覺的書之後，經過大腦的運作、提取想聊的訊息，還要用自己的話說出來，整個過程更是提升了孩子的理解與成長。

但孩子是否有辦法進行高品質的討論，端看父母平時怎麼和他進行從生活日常到書本觀點的討論。

我習慣和雙果姊妹在生活裡有各式各樣的討論，從「今晚想吃什麼？」到「這個假日我們全家出去小度假好不好？你有什麼想法嗎？」，我甚至連旅途中都會問孩子：「A點有楓葉、B點有銀杏，媽咪兩邊都想去拍照，你有什麼建議？」

討論往往是由一方拋出來，但不勉強對方一定要回應什麼內容。父母拋出議題，是很真誠的想聽孩子的意見，也把自己的看法提出來交流，沒有誰的意見就一定正確。

在閱讀討論上也是，孩子分享後，父母帶入一句：「在哪件事上，媽媽覺得怎樣怎樣，你覺得呢？」這樣討論就展開了。或者，父母對孩子剛剛說的，提出一個疑問或沒聽懂的地方，孩子回答，父母接著回應，這也形成了討論。

其實閱讀討論更重要的意義，是鼓勵孩子說出觀點，父母則和孩子交流著彼此或許一樣、或許相異的觀點。有自主觀點，也能聆聽別人見解的孩子，未來才能在更多事上，除了建構自己的評價，同時懂得尊重他人。

閱讀討論，醞釀自我思維

有一次，水果姊看完一套歷史漫畫書後，來找我討論商鞅到底是好人（讓國家富強興盛），還是壞人（刻薄少恩）？

「媽媽，我覺得商鞅好像沒這麼壞。」她列舉書中商鞅把國家帶往富強之路的許多事例，認為他變法改變了秦國，應該屬於「好人」。

「他確實對國家貢獻很多啊！書上有說他是壞人嗎？」我故意這樣問道。

「之前看另一本書上說人民痛恨他，最後還被五馬分屍。」水果姊回答。她疑惑的是，兩本書對商鞅的評價不一樣。

「人民確實是因為他吃了很多苦頭，他太嚴苛了，而且刑罰很重，得罪了很多人，也招來民怨。」

「那他到底算好人還是壞人？」水果姊追問好與壞的二元問題。

「其實一個人的面向有很多種，並沒有絕對的好與壞。歷史學家在記載時，也會從各種角度去寫一個人的功績和過錯。每件事都會有多樣的視角，我們若能看到愈多面，視野也會愈豐富。」我這樣回答。

當孩子來找我們討論時，正是協助孩子整理某種理路的時候，但不需操之過急，因為這也只是爸媽的一種想法。孩子會慢慢成熟，未來自然會形成他的思維。

在這次「到底是好人還是壞人」的討論一年多過後，水果姊和我聊另一套講述善惡的小說時，分享這樣的句子：「善惡並非絕對分明，當你是善時，你會許什麼願望？當你是惡時，你會做什麼？」她又告訴我：「善或惡，其實只是當下做了什麼選擇！」到了這時候，她不再追求二元的單一答案了。

閱讀啟蒙的兩大角色

跟孩子聊閱讀時，切勿變成爭論對錯，而是要引導孩子尊重不同的意見。首先，父母要能接受孩子與我們不一樣的想法和視角，這樣孩子也會學習到與他人討論時應有的態度和對應的方式。

終究，我們都期待孩子具備自主閱讀的能力，從需要父母的跟隨陪伴，到自己能讀、能想、能說的路上，父母「閱讀啟蒙」的角色持續進行中。

起先，是當一個好聽眾，回應孩子閱讀分享的喜悅；再來，做一個好聊伴，讓孩子因為想說、要說，而在無形中讓大腦有更多的運作。最後，藉由更多的互動與談話，帶入比書本文字本身更豐富的觀點和啟發。這點點滴滴所累積的，如同滴露澆灌幼苗，一步步建構出孩子更厚實的閱讀世界。

8 走向親子同讀共寫的路

從歡喜的讀，到快樂真誠的寫，所有的嘗試，都值得嘉許勇氣。讚美、鼓勵、肯定，永遠是最好的法寶。

在水果姊幼兒時期的親子共讀之後，我們的共讀，成了一種邀約形式。起先是因為要建立她對「長文」的閱讀耐心，所以找了許多精采好故事，讓她被緊湊情節吸引入坑，無形中也就愈讀愈多。但當她一套接一套閱讀時，希望媽媽可以陪她聊，所以情況反過來，她開始向我推薦吸引她的好書，以及催促我「快看快看」。

深知「討論」是鞏固閱讀樂趣的重要一環，再怎麼忙碌也不好拒絕她的盛情，媽媽只好也「撩」下去，那時候她小學三年級。

依稀記得她推薦給我的第一本書，是媲美《哈利波特》的華文奇幻小說。本來對這主題不感興趣的我，在她強烈邀請下，讀了幾頁竟也著迷起來，不忍放下。直到閱畢釋卷，迷濛著雙眼說：「怎麼這麼好看？」水果姊聽了哈哈大笑，媽媽喜愛她推薦的書，彷彿是對她品味的讚譽，她開心極了。

她告訴我哪段情節很刺激，我和她分享哪部分很感人，然後我們同仇敵愾般的，說故事裡的壞蛋怎麼可以這麼壞？有人可以一起聊書，互相交流想法，像姊妹又像好友，點滴建立起來的，除了是對閱讀的另一種體驗，更重要的是，閱讀成了母女「一起的事」，讓親子間產生更深的連結。

從同讀的推坑，到一起寫推薦文

那時候我的「素養旅行」粉專已經運作半年，心想母女倆都討論了，不如用文字記錄下來，一來是留下我們的閱讀歷程、二來把好書推薦給網友，三來希望藉著這樣的系列專題，可以慢慢讓水果姊習慣與我分享她的閱讀感受和見解，所以有了「週五好書夜」這個粉專上的小專欄，那時是她三年級的尾聲。

起先，我們兩人用聊的，但沒多久我便在聊完後鼓勵她：「把你的感想寫給媽媽好不好？」就這樣，她開始入坑寫推薦短文，我替她稍微改錯修潤後，發表到粉專。

一年多下來，雖然不是每週五我們都有發文推薦書籍，但前後五十篇文章，裡面都有水果姊的心得或推薦語。我常讚美她，這樣累積起來很可觀，而且也能看見進步。

或許是這個緣故，加上一週寫一點點心得並不太困難，網友也給予友善反饋，讓她無形中獲得成就感。不管是對閱讀一本書的精髓掌握，還是抒發自身觀點的寫作，有這樣的舞臺讓她更有信心。閱讀不是挑戰，寫作也不是難事了。

到五年級後，她甚至寫完書籍心得後，不再給媽媽看，就自己發表到臉書相關社團。我覺得這樣很好，她肯分享，就算文氣還稍嫌稚嫩，邏輯尚有可修之處，有什麼關係呢？從歡喜的讀，到快樂真誠的寫，甚至不再需要媽媽的文字來包裹她的見解，是很好的嘗試。而所有的嘗試，都值得嘉許勇氣。

我做了什麼事呢？我就只有不停的告訴她：「你的想法超棒的喔！」、「你這樣推薦，很多媽媽一定會想買給小孩看。」、「這樣介紹真的很特別，媽媽都想不到！」

讚美、鼓勵、肯定，永遠是最好的法寶。

是否有其實寫得沒這麼好的時候？當然也有。我會和她分享，若把文句前後對調，或試著換句話說，讀起來的感覺會不會更好？不過我會觀察狀況，沒有必要篇篇都完美呈現，

「願意做」和「開心做」，呵護住動機，願意寫下一篇，才更重要。

這本是一段無心插柳的路，沒想到卻收穫了滿滿的沿途風景。彼此的出發起點本只是同讀一本書的討論對象，但卻轉化成互相督促寫作的夥伴；媽媽欣賞她的每次書寫，她也喜見媽媽結合她的文字，寫下我們共同的閱讀推薦。

我從來不是想著要塑造「閱讀模範生」，而是希望孩子一步一履品嘗關於閱讀進而讀後發表，所有屬於她或母女間的快樂滿足。

9 讓孩子愛上閱讀，爸媽不要做的五件事

閱讀不是累積星星，真的不需要去算讀了幾本。重視閱讀的享受，或強調閱讀的質量，比如孩子的吸收、書給他的啟發或感動，都比讀多、讀快更重要。

愛書的爸媽總覺得閱讀世界多美妙，幫孩子精心挑選的書單多精采，但往往用了許多苦心，卻沒覺得孩子就此愛上閱讀。

我想或許是在這過程中，我們因為急了，不管是急著給孩子更多，還是急著看到成果，總之，讓孩子感受到閱讀並不是放鬆、喜悅與精神滿足的替代詞。閱讀最怕「揠苗助長」，過多的規矩、要求，甚至大人以為的好意，都在無形中破壞了孩子的胃口。

我過去的教學觀察訪問了一些教育界友人及小學生，總結出五件父母若希望孩子愛上閱讀，就不要做的事。

1 不要放任孤單

這裡指的孤單有兩種，一種是實體的近身陪伴，一種是閱讀的精神夥伴。年紀還小或還沒養成閱讀習慣及能力前，爸媽的親子共讀陪伴，會大大幫助孩子得到聽故事的愉快感，同時也能把閱讀融入為生活經驗的一環。

要留意的是，當孩子大一點，也具備閱讀經驗了，如同前面提過，我們還是要引導孩子走往自主閱讀的路上。

另一種實體陪伴，是在進入難度更深的文體或主題前的那段過渡期，如果孩子要求，再陪他一段。例如當時三年級的水果姊在看素養閱讀的文本和題目時，她雖然對閱讀說明文（例如東京奧運獎牌是怎麼製作的？）感興趣，但很多詞彙不理解。這時候她會想要媽媽和她一起讀，降低理解的難度。對於孩子提出的閱讀期待，尤其在他想吸收更多時，爸媽要盡量撥出時間陪伴。

另一種不放任孤單，是指精神夥伴，也就是不要讓孩子覺得這個家只有他在閱讀，爸媽或兄弟姊妹卻是3C不離手。當然很成熟的閱讀者可以自在於自己的世界，但孩子畢竟還在養成階段，在精神上感受到「我的家庭有享受閱讀的氛圍、我的爸媽也都有在閱讀」，那會是很好的心理支持。

2 不要指定書籍與範圍

要讓孩子喜歡閱讀，爸媽不要指定閱讀書籍和範圍，也同時不剝奪與批評孩子的選擇。曾收到一些媽媽憂心的訊息，說孩子只愛讀漫畫，不喜歡看文字書。或者說都給孩子買了書單上的推薦書籍了，但為什麼孩子就是不看？

其實，應該要尊重孩子有選擇讀物的自由。不需要擔心他不懂選擇，然後還規定得看什麼。或者，批評他正看得津津有味的漫畫，暗示他選書品味不夠好。其實現在很多讀物甚至知識性內容都設計成漫畫，容易吸收也更能在學生之間流傳。讀漫畫本身並沒有問題，若是擔心孩子閱讀偏食，該引導的是其他文體的接觸，而不是挑剔「漫畫」。

讓孩子享有想怎麼讀就怎麼讀的自由，不要勉強他讀爸媽挑的書（應該沒有大人喜歡老闆硬塞過來強迫閱讀的書吧！）。我們一直強調給孩子練習做決定、說要讓孩子有自主性，所以也該讓他能決定想讀什麼書、以什麼速度看，甚至想依照順序或跳著看都可以。

3 不要過度追求成效

很多孩子討厭閱讀，最大的原因就是要寫心得。好像寫不出心得，就等於沒用心讀過這本書似的。甚至從幼兒園就開始寫讀書心得（或畫畫）。讓閱讀成為「任務」的下場，就是它會漸漸成為無趣的事。

不要給孩子設定閱讀目標，比如多少時間要讀幾本或寫幾篇心得。不要把愉快的閱讀活動，弄得像是有ＫＰＩ指標的工作任務。對更幼年的孩子，閱讀是體會故事情境帶來的享受或感動，而不是得記上多少國字，或看懂多少詞彙。對大孩子，更別把閱讀搞成像國語課，還要記書上的成語或背佳句之類。

孩子若有意願，或主動在閱讀過後來問相關常識，當然可以趁機輔導一下，但別把這些事當成孩子閱讀後的必要產出。也不要認為孩子開始閱讀了，國語分數或作文能力就要突飛猛進，更千萬不要說：「你都有閱讀了，為什麼作文還是不會寫？」寫作當然奠基於閱讀，但寫作力跟閱讀狀況是兩回事。當爸媽追求閱讀的效果，想在短時間內看到孩子的改變，那只會讓孩子備受壓力。久而久之，乾脆放棄。

4 不要比較和催促

任何本來愉快的活動只要經過比較，就會成為令人不開心的事。主動跟同儕或手足討論哪本書很精采、哪個故事很感人，是很好的閱讀交流。但若父母對孩子說，誰已經讀完哪本、誰都在看文字小說了你卻還在看漫畫繪本……。這種比較，就是沒有顧及孩子的閱讀進程，也同時在暗示孩子讀得不夠、表現得不好。這樣孩子怎麼還會開心無畏的投入閱讀，並在其中有所享受？沒有享受，自然就漸漸遠離，因為閱讀只會讓他覺得不如人，誰又喜歡不如人的感受呢？

另外一種就是催，很多孩子也不喜歡。

每個孩子讀書的節奏不同，跳著讀，或讀到後面再從中間回頭重讀，甚至這段時間內只喜歡讀這一本。但父母有時候催促，感覺好像慢慢讀或重讀很浪費時間，用盡各種暗示期待孩子趕快換一本新的。

閱讀不是累積星星，真的不需要去算讀了幾本。重視閱讀的享受，或強調閱讀的質量，比如孩子的吸收、書給他的啟發或感動，都比讀多、讀快更重要。

5 不要讓孩子養成依賴

這好像跟第一點有點抵觸，不是說別放任孤單嗎？在近身陪伴與心理支持上，父母當然要依照孩子的能力和需求，進行評估與拿捏。這裡是指不要讓孩子依賴父母，不要讓孩子只有當父母能陪在旁邊指導解釋、陪讀或朗讀時，才肯閱讀。

孩子想要父母陪，也可以彼此窩在一起，你讀你的、我讀我的。或者，也可以孩子先讀，爸媽在後面守候（看情況再跟上）。例如，我會跟「正在練習進入閱讀世界」的可樂果妹說：「你還小的時候，媽媽陪你看一本書，我們一起在同一本書中旅行。但當你大一點點後，閱讀能力更強大了，可以自己去更多書中探險！」

先讚美之後，再帶出媽媽的「盤算」：「不過媽媽現在要先忙什麼事，沒有空陪你……。不然這樣好了，你先出發去探險，如果看到很精采的，晚點和媽媽分享好不好？」

鼓勵孩子去書中探險，但讓孩子知道，爸爸媽媽在背後等候，他不是孤單的；而他能自己出發到更多書中旅行的原因，是因為他的能力變好了。我們終究要讓孩子知道，閱讀是他的享受、他的旅程、他的事。

閱讀策略有千百，對應各家孩子當然都不同。但孩子討厭的閱讀限制，其實是差不多的。一言以蔽之，若想讓孩子把「閱讀」和「快樂」連在一起，家長自己厭惡的事，就避免放在孩子身上，這樣自然而然，孩子就不會視閱讀為畏途了。閱讀的快樂很奧妙，並不是天生就存在，呵護動機和引發興趣已經很難，過度的限制和求取效果，就不需要出現在孩子的閱讀世界裡了。

10 鼓勵孩子閱讀的終極目標是什麼？

奠基於自主閱讀與學習而來的終身學習，因為閱讀而對持續的學習有信心、有熱情，這才能決定孩子的世界有多大，那比原本的天賦或短暫的學業表現，都更為重要。

這一章，我們從孩子的閱讀動機出發、圖畫到文字的閱讀銜接、實體書店氛圍的感受、讀報剪報及寫作的起步，到爸媽可以做與不要做的幾件事，梗概性的談了幾個攸關孩子素養建構的閱讀策略。

父母的用心，除了幫助孩子具備應考需求的讀題解題能力，閱讀對於孩子的未來，還有什麼意義？

父母花費諸多心力鼓勵孩子閱讀，希望達到什麼終極目標？閱讀力的強健與否，真的攸關孩子未來的幸福嗎？

終極目標1：自主閱讀

起先，我們都是帶著孩子走過親子共讀的路。環抱著懷中的寶寶，希望藉由我們豐富的語調和色彩繽紛的圖畫書，讓孩子對書本產生興趣。後來，為了讓孩子進入更寬廣的文本世界，教孩子慢慢熟悉文字與詞彙……。費盡所有苦心，想了好多方法，也撥出許多時間，慢慢將孩子推往下一個境界：自主閱讀。

能自主閱讀的孩子，可以不再依靠父母，自己知道如何吸收、理解、轉化眼前這本書要傳達的意義。剛開始，或許只是能讀懂一篇短文，獲取幾個簡單的概念；但隨著閱讀領域的多元擴展和更多不同文體所承載的訊息，孩子得以打開一扇又一扇看往世界的窗。

終極目標2：自主學習

閱讀，慢慢從情節豐富張力強的故事享受，變成吸收訊息的來源。過去累積的閱讀能力，包括素材間的連結、觀點的凝聚、意見的表達，與他人的切磋，成了一件件擅長的工具，協助孩子的觸角隨著閱讀更擴大。

為應付生活或學習上的需求，孩子開始善用從小閱讀習來的綜合能力，來替自己解決問題，這時候來到了第二個境界：自主學習。

終極目標3：終身學習

透過各式載體與媒材，孩子閱讀與吸收，以及為自身的疑問找到解答。在一次次獲得這樣的成功經驗後，自然會摸索出一條愈來愈明亮的人生道路。奠基於自主閱讀與學習而來的終身學習，因為閱讀而對持續的學習有信心、有熱情，這才能決定孩子的世界有多大，那比原本的天賦或短暫的學業表現，都更為重要。

所以，不用再著急，為什麼孩子的閱讀成效好像沒有很快呈現，例如已經讓孩子大量閱讀，但國語卻沒有考好？也不必再糾結，閱讀的質和量似乎沒在寫作上看到成效？閱讀是複雜精細的大腦活動，對應發展的是多重能力；而它需要的，是更多的時間孕育。「閱讀力」的打造不簡單，但它能影響孩子一生走多遠。

讓孩子擁有一生的良師益友

當不再著眼於短期功效時，爸媽會發現，誘發孩子對閱讀的興趣只是起步；沿途各種呵護興趣火苗的用心，是要讓閱讀更深化成孩子的習慣；最後，我們期待，閱讀除了帶給孩子表層的喜悅，也能帶給孩子深刻的思考。閱讀為孩子找出解決方針，也讓他一窺從沒見過的世界。

閱讀得以用來擷取、思考策略、涵養品味，或純粹講一個好故事，閱讀可做良師益友；在心裡、在眉間，在呼吸吞吐中，潛移默化建構孩子的智慧，形塑氣質，也厚實素養。享受閱讀，是爸媽可以給的最好的禮物。

當孩子喜愛閱讀、主動閱讀、善用閱讀，父母就可放心，因為孩子已找到了開拓人生的工具、知道從何處去探尋懷憂時的慰藉，當然，也找到了跟隨一生的同伴。

第五章

素養，旅途上發展

世界探索與旅行素養

1 旅行，素養學習最好的場域

帶孩子出去旅行吧！旅行，除了能累積親子的愛，也是培養、訓練、打造、提升素養的最好方式。

新課綱實施，很多家長擔憂「素養」到底是什麼？要怎麼幫孩子建立？

看到眾多補習班及參考書籍打出的口號，都在強調其課程和內容，非常符合「素養」，在在吸引家長的目光。

但做為一名老師與教育行政工作者，我認為人生不外乎平安過活、解決問題、有特別的體驗或好的生活品質等，讓自己達到這些條件的判斷、能力和作為就統稱素養。

其實，補什麼素養呢？不要被名詞給混淆了。

在生活中或旅途上，適時給孩子一些簡單任務，表面上看起來像在打發他的時間也順便幫父母分憂解勞，但實際上都是學習，不管是素養還是能力，在生活情境下習得的，才能真正內化。

不過比起建構素養和能力，多數家長更牽掛的具體問題，還是孩子的學習成效，也就是考試表現。比如，一一〇年初的高中升大學學測過後，就有兩則新聞被許多家長轉載：

1 高中教師看一一〇年學測國文科，評近五年最難

2 臺中考生看學測國文：考題對從小大量閱讀者有利

未來的考生及其家長們哀鴻遍野，現在已經考這麼難，那之後的「素養導向題型」無邊無際，到底該怎麼準備？

但與其忿忿不平抱怨考試領導教學，不如說，考試反映社會需求與國際趨勢。基於長期關注國小學力檢測、國中教育會考，甚至學測考題走向，我必須說：「考題，早就已經超出課本很多很多很多了。」

純粹的知識理解和背誦，早不足以應付學習挑戰。要從考場凱旋歸來，得具備「利用學過的一切，解決眼前題目」的能力：讀題、理解、拆解、試錯、歸納、聯想、連結等。

所以孩子需要的不只是背誦記憶，還有長期內化的能力，也就是從小到大，從態度到實踐，很難一言以蔽之，但確實是孩子學習綜合評價的「素養能力」。

在旅行中，學習素養

素養教育，家庭內天天都在進行，「學習新知」和「解決問題」，互為表裡，成為跟著孩子一起成長的雙軸：學習新知後，用來解決問題；以及，為了解決問題，趕快找尋所需的新知來學習。

學習怎麼學習，是畢生的功課。強健心智（正向的自我效能感）、自主學習力（閱讀）、人我互動表達力（寫作口說），是我認為素養教育最重要的三大目標。

「旅行」製造了場景，可說是素養學習的最佳場域。因為旅途中不會事事順遂，但這樣才是「真實」。

在疫情肆虐使全球各國關閉國門之前，水果姊已有過十來次和爸媽出國自助旅行的經驗。她從被爸爸抱在懷裡通過電車驗票閘門，到自已拉著小行李箱、拿著周遊券過閘口，甚至後來牽著妹妹一起，這麼多次使用各種版本周遊券的鐵道旅行，我看到她的變化與長大。那個爸媽呵護著的娃娃，在進入小學三年級後，已可以自己找站務人員蓋啟用日期章。不僅如此，模仿著大人長大的她，也在一趟趟旅程中看懂地圖、學會查看時間，甚至比照網站上的原始票價，精算我們省了多少錢。

在大人看來或許是如此「日常」的能力，但在孩子身上，卻是一次次的體驗與感受，以及放手讓她去試所累積出來的、課本無法給予的素養。

這些素養，包含要會閱讀圖表與資訊，能鼓起勇氣自己去溝通，甚至在使用周遊券範圍以外的其他私人鐵道，也要想盡辦法使出渾身解數兌換出媽媽行前於網路上訂好的車票……甚至還得知道怎麼躲颱風！

旅行素養，也是綜合能力

記得二〇一九年夏天的關西鐵道文青之旅，碰到颱風來襲。距離颱風登陸還有多久、新幹線何時停駛、我們得預留多少時間從岡山回京都、車站滿滿的人像大逃難似的……。當時的一切都很緊張，但面對及處理生活（旅行）當下的突發狀況、排解舒緩自己的情緒（焦慮、還沒玩夠買夠的遺憾感），以及「運用所學知識解決問題」，把認知、情意、技能、態度全都用上了，不就是素養嗎？

旅途中，水果姊不只利用行車空檔大量閱讀長文，還有太多實際的機會，接觸到各項旅行資訊並留下文字或影像等種種紀錄。對孩子而言很難得的，是旅行創造了特殊的時空，得以利用真實事件、材料、訊息，進行思考、學習，或做判斷。

孩子在旅行中，各種訊息的吸收、整合與篩選，都是在擴大不一樣的閱讀經驗。這樣的閱讀之所以可貴，是因為把各種型態的閱讀藉由旅行融入於無形，是旅行的重大意義之一。

除此之外，克服各種外出的不適、不便和挑戰，更是絕佳提煉孩子素養的時機。

比如，全家一起出門時，怎麼帶著妹妹收行李、顧行李、推行李；怎麼在爸媽處理事情時照顧妹妹。

比如，那場與王美霞老師和媽媽三人的文青之旅，怎麼克服疲勞、調節體力（晨起晚歸，足跡從瀨戶內海到日本海），還得保持學習熱情（老師帶她認識職人精神，以及體驗欣賞諸多日本文化）。

比如，只跟媽媽兩人闖蕩天涯時，如何陪伴媽媽。

我會搭著她的肩與她討論：「現在的情況怎樣怎樣，你會給媽咪什麼建議？」

我會拿著網路照片問她：「現在熊本有銀杏，但武雄有楓紅，媽咪兩個地方都想去拍照，怎麼辦？」

我會在暖呼呼的湯池中抱著她：「我好幸運喔，有你這個天下最棒的旅伴！」

我也是她在電車上寫完遊記後的第一個讀者，我們更是在門司港前，一起寄明信片回臺灣的「好朋友」。

比起學到或看到什麼，更重要的是內心的情懷在旅途中被引發，懂得體諒人而且也能被感動；留下的記憶，點點滴滴都是愛的滋長。

所以，帶孩子出去旅行吧！旅行，除了能累積親子的愛，也是培養、訓練、打造、提升素養的最好方式。大人要適時的放手和後退，別幫忙搞定一切。給孩子一個機會，讓他能讀、能聽、能觀察、能組織，以及能判斷，加上有行動和良善的態度，旅行，就是素養學習最好的場域。

2 打包行李，是出發的第一步

孩子收穫到的，並不只是給自己打包行李。而是為了做好這件事，整個脈絡下來的全盤規畫與思考。

雙果姊妹從寶寶開始，就跟著父母自助旅行。雖然有一種說法是帶小小孩出去，孩子不會記得，只是浪費錢。但我的看法是，涵養和氣質，都是從生活的感受或生命的體驗而來。旅行時聞過的花香、看過的海藍、領略過的風勁，都是孩子成長的一部分。所以從會走開始、知道什麼漂亮、什麼好吃，會開始表達意見，就可以跟著爸媽走向世界了。

寶寶時期的行李，奶瓶、尿布自然由大人收拾。但大一點後，兩個孩子就自己打包行李了。一方面學習「要帶什麼東西」的思考、一方面練習「如何取捨」的邏輯；最後，多帶、少帶、帶錯，都要學著自己承擔。

「孩子會打包行李嗎？如果東西沒帶到怎麼辦呢？」這應該會是很多爸媽的疑惑。

給足夠的鷹架，就可以相信孩子做得到

「放手」，是當父母必須修習的功課，那就從生活開始吧！孩子如果一直被保護著，到了十八歲不會突然長大成人自立自強。所以，從幼年開始，爸媽就要為孩子未來的獨立而陪他做好準備。

前面的篇章中，我們一直提到，任何主題的學習引導，為孩子「搭小鷹架」，是很好的起步。從孩子已有的能力或經驗切入，他們會更容易理解，也能做得更好。以「準備自己的行李」這件事而言，在「進入主題」前先拆解出幾個小步驟，分次進行、循序漸進，孩子的反應或表現，往往超乎想像。

以下分享我的做法：

1 一般外出用餐或訪友時

這種時候，我會請孩子自己準備「外出包」。雖然寶寶時期，布書或小畫冊是放在媽

媽包裡。但大一點點時，我會誘導式的問：「這個玩具要帶嗎？」、「那本布書要帶嗎？」讓孩子學習表達意願。

接著，為了強化寶寶心中「我帶了用得到的東西」這樣的感受，帶出門的玩具布書，要找適當的機會拿出來讓孩子玩，慢慢內化到他心裡：「我是有決定權的，我可以決定要帶什麼；我帶的東西，真的派得上用場。」從寶寶到幼兒，賦予他「我有這個能力」的自我認知，是持續熱中於學習和嘗試的最佳動力。

下一步，給孩子一個可愛的小袋子：「你要不要自己準備出門的小包包呢？」就算還不會很完整說出一句話的孩子，也會開始模仿「之前媽媽都帶了什麼」。

考量孩子的包包比較小，所以意思意思準備就好，重要的東西如尿布、奶粉、奶瓶、禦寒衣物，還是由家長掌握比較保險。小孩主要負責自己的零食（米餅類）、小書和畫筆，或水壺之類就可以。

2 國內旅行時

有了外出準備小包的經驗，後來開始在國內過夜旅行，這時候孩子也比較大了，就能給一個衣物袋：「我們要出去兩天一夜的旅行，你要不要挑一下喜歡的衣服？要分睡衣跟外出衣喔！」

孩子是喜歡有掌握感的，就算只是準備自己的衣物袋。剛開始孩子難免會漏東漏西，比如可樂果妹好幾次沒帶襪子，而媽媽也沒細心到偷偷替她檢查。真的沒帶，就是思考怎麼解決問題的時刻了。可樂果妹會拜託謹慎小心總會多帶的姊姊，雖然可能被白眼，但終究還是有機會得到姊姊的好心幫忙。若姊姊不想幫忙怎麼辦？我們大人也只是聳聳肩：「沒辦法，我們要尊重姊姊不想借。」那可樂果妹隔天就穿臭襪子或不穿了吧，這也是迷糊的她該學到的經驗。

孩子還小或家裡只有一個寶貝時，爸媽是可以出發前為孩子檢視一下有沒有漏帶，漏了就提醒一下吧！但偶爾也可以裝忙或裝忘，畢竟行李是孩子自己的事。真的漏了怎麼辦？反正多漏幾次感到不方便，下次就會記得了。（可以拿襪子這種小東西練習，但重要東西如財物，或出國所需的證件、票券，就另當別論了。）

3 讓孩子自己選行李箱

讓「準備行李」真正賦予孩子「這是我的事」的概念，能擁有自己的行李箱，是一個不錯的助力。

原本國內旅行或返鄉，孩子的衣物袋是放進家裡的行李箱，幾次後，我開始有意無意的問：「你會想有自己的行李箱嗎？」讓孩子慢慢上鉤。

像選書那樣，帶她們去挑。父母只需要幫忙看一下材質，以及提醒：「行李箱還會裝東西，不能挑太大或太重的箱子喔，你會拉不動。」

沒錯，不只是要「自己收拾」行李，還要「自己拉行李」。

所以姊姊選了一個二十吋的紫色登機箱，妹妹選的是十八吋的桃紅色小箱，兩個人心滿意足，彷彿自己已經是大人。

藉由「擁有」，而無形中提醒自己對這事有責任，並強化意義，是我希望傳遞給兩個孩子的價值。推著自己的行李箱，這象徵三件事：「我知道我需要什麼」、「我會懂得顧好自己的東西」、「在有限的空間裡我知道怎麼取捨」。

下一趟出國時，兩姊妹在幾天前就雀躍的準備行李。她們用手機確認當地氣候氣溫，以旅行天數和途中會不會洗衣服，來估算需要準備幾套衣物，還有打發時間用的書本畫冊或是美勞工具包、拍照需要的手機和充電器等，都是要放進行李箱的必備品。她們也會記得帶筆記本，拿來寫點東西或蓋紀念章。有一年水果姊還在筆記本上做了「飯店評分表格」，我看到時哈哈大笑。

父母放手，孩子長出能力

父母的「放手」，需要層遞性，不是一下全放，會造成孩子無所適從，當然也就達不到父母期待的表現。從國內的外出、小旅行開始逐步練習，漸漸就會知道更多天數的旅行與出國，行李該怎麼收。

其實，孩子收穫到的，並不只是給自己打包行李。而是為了做好這件事（包括不缺漏物品，以及考慮自己能負荷的重量），整個脈絡下來的全盤規畫與思考，及懂得在旅途中去檢視準備不足的地方。還要學習出發時不能塞滿滿的，因為這樣無法留空間買喜愛的紀念品回來。

我們能給孩子的，就是盡量提供觀看萬千世界的機會，以及過程中陪伴他們，在經驗或甚至試錯中知道哪些做法值得保留、哪些可以修正。孩子就在這一次次經驗中，長出能力、具備信心，就算未來沒有父母陪著，也能勇敢走向世界。

3 美，從街市閱讀去感受

街市走訪所獲得的收穫，超過伏案閱覽或飽讀群書。放手、鼓勵讓孩子去看、去試、去嚐、去摸、去對話，就是最好的教育。

帶著孩子的旅行，行程中的「閱讀」，當然要從書本向外擴大，那就不只是純文字了，而是包含圖表訊息的接收理解、美感事物的領受體會、人情暖意的互動體貼；當然，街市所帶來蘊含當地文化的無窮底蘊，更是旅行閱讀中的瑰寶素材。

或許有人會說，出去玩就出去玩，哪這麼麻煩，還要想這麼多？

其實，「寓教於樂」是孩子最好的學習方式之一。輕鬆有趣無負擔，然後孩子玩著、笑著，或走著、逛著，就經歷一趟學習之旅了。

追逐路邊牆上的垂影、在日漸沒落的舊式町家閒逛並買點漂亮的小東西、進入寺院前淨手禮儀的學習、對於職人老店的認識與敬意，在在都是豐富的體驗。

當然若是旅行途中，有一位閱歷豐富的老師願意帶著孩子去學習、去接觸是最好的。但若是跟我一樣平凡的父母，沒有這麼強大的胸腹點墨，能在街市中把行經點滴串成一段段豐富的人文之旅，其實也不用太驚慌，因為放手、鼓勵讓孩子去看、去試、去嚐、去摸、去對話，就是最好的教育。

素養建構，就在生活裡面

新課綱中的核心素養，三面九項等各式名詞常搞得家長一頭霧水。其實，課程綱要由國家所頒布，行文用詞當然是最高標準；但探究其義，其實就是生活中的嘗試、感受、應用和呈現啊！

怎麼可能這麼簡單？我們看一下水果姊的街市閱讀，逛了哪些地方，摸、吃、體驗、互動了什麼，大概就知道她有進入到核心素養的哪些領域。

「素養建構」本來就是無所不在，大人讓孩子去張開眼、耳、鼻、舌與心，接觸世界美好，欣賞美（溝通互動／藝術涵養與美感素養）、認識與尊重他人文化（社會參與／多元文化與國際理解），或用極為簡單的語言和 bady language 跟別人交流（溝通互動／符號運用與溝通表達），這些都是「素養建構」裡的一磚一瓦。

不需要把「素養」想得太高遠，它就在生活一隅（但孩子若在旅程中還始終低頭對著螢幕，就會錯過很多美的觸動）。

近距離感受美

那天早上，我們先逛了一家小小的手染店。堪稱逼仄的室內空間，陳設了一些圍巾、手帕或小布包之類的販售物品，樣樣精巧可愛。我和水果姊各買了一長一短的領巾，秋天時繫起來，一定很有溫潤的日式之美。

領巾媽媽幫她付錢，她旅行喜歡蒐集書籤，這裡有布製小兔書籤，就讓她掏出零用錢吧！在她耳邊教一下「いくらですか？」（請問多少錢？），付錢、找錢就讓她自己去了。當然，溫暖和氣的歐巴醬也很努力做國民外交，拿出計算機，數字一目瞭然。

在語言不通的情況下，微笑和誠意就是最好的交流。買賣多少錢，早就不是重點。

錦市場內的「錦天滿宮」，祭祀日本學問之神菅原道真，讀書人不可不訪。入口處右邊的「御神牛」被摸得金光閃閃，水果姊也要入境隨俗一下。包括之後的洗手代表淨身，象徵進入寺院的誠心與規矩，也是一種對所祀神明的尊重。

看水果姊以一種慎重的態度跟著美霞老師學習這些，這無關乎信仰，而是用恭敬的心意面對、學習與體驗他人文化，就是社會參與的起步。

往前走，錦市場內的「舞扇堂」，更是讓水果姊讚嘆不絕。滿店的和紙扇子，每一把都像自帶光芒，美得令人屏息。我聽到水果姊不停低聲驚呼：「好美喔！好美喔！」

小小的娃兒，看來真是被細緻風雅的扇子給「眩惑」了。別說是她，也是第一次進入和扇專門店的我，一樣感到目眩。美，要怎麼用言語教呢？帶到現場，讓孩子像是全身毛細孔都張開的盡情感受吧！

美霞老師在這裡買了一把要價不菲的藍染櫻花扇。水果姊有幸，可以近距離欣賞一把和扇。微微透光的扇面，其上工筆細膩。孩子看過、摸過、拿過，就算不知如何形容，也會知道「這個很美」！

看店員包裝，細心謹慎，從挑紙的顏色（得搭配扇子）、折花樣、綁緞帶，水果姊看得目不轉睛。旅行時看看別人怎麼做事，也會得到省思。

後面的行程是認識各種大小的茶碗，這應該是水果姊第一次看到這麼多色彩同時出現在眼前吧！欣賞美麗的茶碗後，捧著樸實的茶碗喝黑豆茶，是充滿美感的獨特體驗。

靜靜陪著孩子就好

一路學習，雖然沒有刻意，但也不停吸收，五感沒有一刻停著。稍後吃冰時，她告訴我雖然好累，但實在太好玩、太有趣了。然後又開始說讓她念念難忘、美麗繽紛的和扇。

與和扇初見面她就這麼著迷，真是讓媽媽始料未及。老師看她這麼喜愛，兩天後就把自己帶來日本，當時也是高價購入的扇子，以日幣五円（ごえん，發音近似於「有緣」〔ご縁〕）的價格賣給她，真的是超級幸運。這深深刻在心裡面，對美的讚嘆與經驗，哪是補得出來的素養呢！

街市走訪所獲得的收穫，超過伏案閱覽或飽讀群書。其實大人也不必煩惱要怎麼帶領，靜靜陪著孩子就好。孩子有他們自己的觸角，只要願意放下手機，將眼光向外延伸或接觸，都值得鼓勵。

4 愛，放在旅行的書寫裡

既然旅行中的閱讀可以有多種面向，書寫當然也可以。不但增添了旅行的回憶，也加深了孩子的素養厚度。

旅行之中有各種閱讀，紙本的、自然的、場景的、人文的……，所有體驗在五感中進行，留下一點紀錄，或許是所見所聞、或許是情懷抒發，也是很自然的事。藉著旅行迥異於平日工作學習的輕鬆愜意，把「輸出」這事簡單化，也讓旅行的「書寫」，不是只有結束後的那篇遊記。

明信片，載著愛的旅行書寫

我喜歡在旅行中寫明信片，找當地風景或圖書館、書店的明信片，寫給家鄉的親友，也給自己寫一張。這是一份從外地傳回的祝福和惦記，我收到這樣的明信片時，每一次都會感到很溫馨，尤其是從西藏、南美、南極那種天涯海角寄來的，真的非常感動。

所以我外出旅行和到美東出差，不但寄明信片給好友和自己，還特地找了一款圓形的明信片寫給水果姊。我在明信片上跟她說，地球和這明信片一樣是圓的，媽媽現在與她在圓的兩邊，但想跟她分享，世界很大也很美，希望她長大後，也可以在這個圓上，享受她的旅行。每字每句，都是從日夜顛倒的另一邊寄出的思念、祝福與不變的愛。

我也喜歡讓孩子寫明信片。二〇一七年夏天的日本山陰山陽旅行，我鼓勵才剛準備上小學的水果姊，在很偏遠且沒太多觀光客的島根縣寫明信片給兩個朋友。那時候她還不太會寫國字，寫了對方名字後，剩下的空白就用圖畫與簡單的注音表達，再搭配正面可愛的圖案，她的祝福傳回了臺灣。

二〇一八年冬天的鹿兒島之旅，我問她，想寫明信片給疼愛她的導師嗎？她一口說好。這時候會寫比較多字了，在明信片上洋洋灑灑分享吃的美食和妹妹的趣事。二〇一九年跟媽媽去追楓，也寄了思念的明信片回家，告訴爸爸燒咖哩好好吃，下次帶爸爸來吃。

「書寫」落實在旅途中，就不是一件功課、一篇作文，更不需要竭盡腦汁去想：「我要寫什麼？」明信片小小的篇幅，還可以畫畫，讓「寫」的難度降到最低；但收到的人卻會開心的回饋，這份成就感很容易取得。

父母只需要幫孩子準備當地的明信片和郵票，然後找郵筒，只要操作過一、兩次就很熟悉了。在日本就直接去郵便局，還可以蓋當地特色郵戳，很有紀念意義。

讓書寫和說話，都是孩子呈現愛的方式

另一種旅行中的書寫，是讓孩子準備小筆記本，蓋各地的紀念章。鼓勵孩子說：「蓋好紀念章後，在旁邊那頁用兩句話介紹一下這裡吧！」順便強調一下：「你看，有了紀念章，你再補充兩句介紹，就是超級旅行（或××之旅）的精華圖鑑耶！」為了設計在旅途中「演」這一齣，出發前我帶孩子去書店，讓她們挑喜歡的筆記本（不用很大，大概A6或A5，可放進隨身小包包），同時挑兩、三枝喜歡顏色的原子筆，早早就醞釀著之後要進行的書寫。

有些爸媽很用心，出發前製作旅行學習單，把旅途的每個點設計成問題，讓孩子沿途解答，也能寫點感想。這樣做當然是最有「學習」效率，孩子的認知也可以獲得更多。但寫到什麼程度、難度拉到哪裡、在旅途中「寫」的比重要提到多高，取決於孩子的年紀、能力、感受和表達力。

我倒是覺得，增強趣味性和遊戲化，「寫」除了是一種紀錄，更是一種交流。讓寫跟

說話一樣自然，甚至簡單，孩子無形中做多了，也就不害怕或為難了。

既然旅行中的閱讀可以有多種面向，書寫當然也可以。如果孩子還不喜歡寫，就從旅途中的聊天開始。表達有很多方式，父母帶著意識引導孩子呈現他的感受，說出來交流是一種，而書寫，是另外一種。

但與其在意孩子的書寫能力到哪裡，不如關心孩子與親人朋友之間，是否能表達更多愛與祝福。寫作力固然重要，但愛的陳述與表現，不但增添了旅行的回憶，也加深了孩子的素養厚度。

5 真實豐富的體驗，在教室外面

對於父母所無法教的一切，就把孩子帶到那個場景，在守護他的安全下，讓孩子有新的開展，不管是膽識、眼界，或只是多學會一件事、多認識一個人。

水果姊人生第一次下鍋煎餃子，是非常意外的經驗，她在第一次造訪的餐廳爐子前，緊張轉開瓦斯爐，啪一聲大火竄起時，害怕得馬上縮手。

然而，這些緊張，都比不上她自己事後說的：「要把做好的食物端給不認識的客人，我的心臟跳得好快。」

不過她又馬上補充說明：「還好客人很高興，我也放心了……。我要繼續精進廚藝，未來當個讓人仰慕的廚娘。」對於此事，她做下這樣的結論。

煎餃子不難，但要把第一次下廚的成果端給不認識的客人，才是孩子的特別挑戰。

帶孩子到情境裡，鼓勵他體驗

孩子有健康身心，而且具備積極成長思維及產生能力，並能和人群互動，進而與世界有正向的連結，是新課綱核心素養裡反覆強調的「自主行動」與「社會參與」。教室與家庭外，往往是鍛鍊素養能力更好的地方。因為脫離了舒適圈，也不是平日習慣的節奏，孩子更有機會在新環境與情境裡，體驗／學習新的嘗試。

有次外出走走，特別的機緣讓水果姊有機會硬著頭皮挑戰。天知道她是個多謹慎（惜皮？）的小孩，如果在家裡媽媽自己教，就算她再想學，應該還是躲在我背後確保安全吧？

但人在江湖，都站到爐子前了，她也知道當下向媽媽撒嬌求救沒有用，就老老實實捲起袖子，聽從廚師的指導：鋪上餃子、淋上粉水、轉開瓦斯、蓋上鍋蓋、等待、熄火、左持盤右端鍋、倒扣盛裝、上菜。

每個步驟，對大人而言或許輕而易舉，但對孩子來說卻是跨出一大步。從此，她知道怎麼控制火候，知道從下鍋到上桌應該留意的細節。

技巧的演練家裡可以學，學校也會教。但特殊的意外，卻是旅行時才會突然出現。起鍋前，廚師竟然說：「你的這盤煎餃，是外面那桌客人的喔，待會要端去給他們。」

她嚇了一跳看著我，我對她搖搖頭表示我也不知道啊！所幸，那桌客人溫暖又友善，在水果姊上菜時，笑咪咪對她比了個讚，感謝這位小廚師為他們料理了這一盤煎餃。聽到小廚師遠從東北角返鄉過年，今天更是人生第一次下廚，笑得合不上嘴了。

送完菜，我搭著她的肩膀：「你還好嗎？」

她笑得無比燦爛：「我好緊張喔！」

我說：「但你超勇敢的，而且很鎮定大方，媽媽覺得你真是厲害。」

她笑了笑：「希望那些客人覺得好吃。」

我說：「沒問題的啦，這可是我們家水果姊第一次下廚！」然後話鋒一轉：「那你什麼時候煎給媽媽吃？」

她哈哈大笑：「回家之後吧！」

教室外的各種學習與交流

只有在教室外，才會有這樣的機會，讓孩子經驗特殊的體驗，那是我做為母親無法給她的。但還好經由旅行途中所有善意的聚合，讓孩子在學理之外，透過親手操作產生認知學習，甚至也有人際交流，敢挑戰自己不曾做過的。

對於父母所無法教的一切，就把孩子帶到那個場景，在守護他的安全下，讓孩子有新的開展，不管是膽識、眼界，或只是多學會一件事、多認識一個人。

強調全人的素養教育，著重生活脈絡底下的學習，就是這樣日常。給孩子的啟發，也是這樣一點一滴慢慢建構起來的。

6 開啟下一段，新的素養旅行

知識的吸收、美的感受、人情的收穫等，成就了獨一無二的個人素養，這當中，有閱讀、有寫作、有欣賞、有評價、有安度忙亂的從容，也有解決問題的能力。只有旅行，才能給予這一切。

那天氣溫驟降又大雨，顯然與冬日無異。寒冷，是個好理由，公務結束後，我特地在臺灣尋找那個曾經熟悉的味道。

從來不曾在臺灣吃日本來展店的拉麵，因為每年不只一次的訪日，善待味蕾，足矣。但這一次等太久了。為了不讓回憶蒙灰，也為了那份思念，我在滂沱大雨中，尋了去。

絕對不是外國的月亮比較圓的概念，但跟記憶相比，臺灣的拉麵店好像位子窄了點、走道也壅塞了點，當然店外排隊的長龍也超乎我的預期。不過沒關係，就跟著人群沉靜的排隊吧！有很多時間，內心可以靜靜回想上次、上上次、更多更多次，在日本與拉麵和身邊的孩子共度的回憶。

旅行本身，就是目的

圈選了麵的硬度、湯的濃度及辣度，加點了喜愛的半熟蛋，也多犒賞自己三片叉燒，我安靜等待簾子後端出的美食，或一份曾經的熟悉。上次嚐這味道時，是我和水果姊兩人為追楓浪跡天涯，吃的是九州太宰府天滿宮下的分店。

那分店因太宰府天滿宮的庇佑，有著全日唯一的五角麵碗，也神氣的在碗緣上標示著所有考生最愛的二字：「合格」。水果姊喝完最後　滴湯，心滿意足開玩笑說著：「我以後考試不用煩惱了！」

在這之前，她也買了兩盒自己視為可以幫忙考出滿分的「合格」鉛筆。不過在她心目中，記憶最深刻的還是京都錦天滿宮，因為她在那裡學得更多更多。

當天稍早，我們還在太宰府天滿宮裡，掛上彼此人生首次的兩張繪馬，祝願最在乎看重的人，健康平安。我喜歡讓孩子在旅行中，給家人好友或師長，寄張明信片。除了留下回憶，也在旅途中把自己珍惜的心意傳遞出去。

在我們一嚐拉麵前，除了寫繪馬、買合格鉛筆，當然也在楓樹下拍了很多漂亮照片。同為臺灣來的遊客，為我們合影時，嘖嘖稱奇我們就母女兩個，但看起來非常享受旅行。

這是當然的，因為我們在「旅行」裡。光是「旅行」本身，就能替人充滿無限電力。

素養學習，在旅行裡

在家中，我是叨唸的媽媽，她雖是乖小孩，但有時候也會臭臉。

外出時，我們是最佳旅伴，也是最好的朋友，她更是能好好商量事情的對象。她會幫忙看前顧後，注意班車時刻也留意物品，同時也是我的最佳模特兒。而我教她怎麼測光、怎麼構圖，讓她也替媽咪在楓紅下留住回憶。我們一起品嚐美食，也一起跟萍水相逢的日本人雞同鴨講。

我們機動性高，說走就走，中午還在佐賀，下午就說要不然去門司港嚐鮮湯咖哩。早上還在大興善寺忘我的說楓葉好美、好豔，下午就到熊本迷戀一地澄黃的銀杏。

她安然自在，一本書、一片窗景，就是打發車行時間最好的方式。累了就靠著我睡，醒來後笑咪咪活力十足。她隨遇而安，不方便的時候麵包、開水果腹，時間充裕的時候，大快朵頤名店美食，滿心想著下次帶爸爸和妹妹來。

吃著冰淇淋，說這個口味妹妹會喜歡；買了明信片，說要去郵局寄給爸爸。雖然人在千里之外，但我喜歡她把珍貴的人放心裡、時時惦記，我也這樣做給她看。家與故土的羈絆，是孩子遠行永不忘本的基礎。

走出去，才學得到。

壯美世界，是旅行帶給她的胸襟；而細膩的體驗與感受，是在過去旅途中，曾經同行的美霞老師所給予的點滴教育。看到孩子有這麼可貴的學習，我非常感激。

這些全部，包括知識的吸收、美的感受、人情的收穫等，成就了她獨一無二的個人素養，這當中，有閱讀、有寫作、有欣賞、有評價、有安度忙亂的從容，也有解決問題的能力。只有旅行，才能給予這一切。

開啟下一段，素養旅行

美食很快享用完畢，但腦袋裡的回憶還沒走完。

所有愛的與感謝的，一遍一遍熨燙過心底，在時間淘洗後，留下來的，件件都閃閃發亮。我感恩有出發的機會，更感恩旅途中的孩子，為我留下如此豐美的回憶。看到旅行帶給她的珍寶，一層層從各方面厚實她的素養，也欣見她的成長。

願世界平安，國門早日開放。那個旅行中笑得燦爛的孩子，能再背起行囊，與我開啟下一段，新的素養旅行。

國家圖書館出版品預行編目（CIP）資料

家庭裡的素養課 / 顏安秀作 . -- 第一版 . --
臺北市 : 遠見天下文化出版股份有限公司 ,
2022.01
面； 公分 . --（教育教養；BEP070）
ISBN 978-986-525-390-5（平裝）

1. 家庭教育 2. 子女教育

528.2 110019360

教育教養 BEP070

家庭裡的素養課

國小校長的 48 堂親子課
從生活到學習，爸媽教素養的第一本書

作者 — 顏安秀

總編輯 — 吳佩穎
人文館資深總監 — 楊郁慧
責任編輯 — 許景理（特約）、楊郁慧
編輯協力 — 吳芳碩
封面設計 — 蔡怡欣（特約）
內頁排版 — 蔚藍鯨（特約）

出版者 — 遠見天下文化出版股份有限公司
創辦人 — 高希均、王力行
遠見．天下文化 事業群榮譽董事長 — 高希均
遠見．天下文化 事業群董事長 — 王力行
天下文化社長 — 林天來
國際事務開發部兼版權中心總監 — 潘欣
法律顧問 — 理律法律事務所陳長文律師
著作權顧問 — 魏啟翔律師
社址 — 臺北市 104 松江路 93 巷 1 號
讀者服務專線 — 02-2662-0012 ｜傳真 — 02-2662-0007；02-2662-0009
電子郵件信箱 — cwpc@cwgv.com.tw
直接郵撥帳號 — 1326703-6 號　遠見天下文化出版股份有限公司

製版廠 — 中原造像股份有限公司
印刷廠 — 中原造像股份有限公司
裝訂廠 — 中原造像股份有限公司
登記證 — 局版臺業字第 2517 號
總經銷 — 大和書報圖書股份有限公司 電話／ 02-8990-2588
出版日期 — 2022 年 1 月 24 日第一版第一次印行
2023 年 11 月 9 日第一版第五次印行

定價 — NT 400 元
ISBN — 978-986-525-390-5
EISBN — 9789865253974 (PDF)；9789865253998 (EPUB)
書號 — BEP070
天下文化官網 — bookzone.cwgv.com.tw

天下文化

BELIEVE IN READING